하주열 예주열

(하)

하주열 예주열(하)

초판 1쇄 인쇄 2012년 10월 20일
초판 1쇄 발행 2012년 10월 25일

지은이 **오종천**
기획편집 **한치호**
발행인 **이명수**
디자인 **구본일 이순옥 이다영**
발행처 도서출판 세줄(등록번호 2-4000)
　　　　서울시 중구 인현동1가 115-1 T. 02)2265-3748
총판　　선교햇불 ☎02)2203-2739　FAX.2203-2738

저자 연락처 010. 8760. 1635
E-mail ohbless1@naver.com

ISBN 978-89-92211-76-5 04230
ISBN 978-89-92211-77-2 04230(세트)

하주열 예주열

(하)

오종천 지음

동작중앙교회
담임목사 안경선

우리가 인생의 삶을 살아가면서 꼭 배워야 할 점은 삶의 끝없는 열정입니다. 삶의 열정은 인생의 모든 것을 변화시킬 수 있는 무한하고 값진 것이기 때문에 그렇습니다. 한번 밖에 살 수 없는 우리 인생이 결코 무미건조하고 판에 박힌 듯한 그러한 인생은 안 됩니다. 그리고 아무 목적과 방향도 없는 가치 없는 인생이 되어서는 결코 안 됩니다.

우리는 동일한 여건과 환경 속에서도 어떤 사람은 확실한 목표의식과 가치를 가지고 활기차게 살아가는가 하면 또 다른 하나는 그렇지 못한 경우를 종종 주변에서 보게 됩니다.

이 책의 저자는 20년이 넘은 오랜 기간을 같이 신앙생활을 하면서 남들이 보지 못하는 것을 보았고, 듣지 못하는 것을 들었으며 그에 따른 진솔한 내용들을 성실하게 기록으로 남기면서 끝없는 열정을 가지고 살아 오셨습니다.

이번에 오랫동안 근무해 왔던 서울시와 공공재단에서 정년퇴직하고 지난날의 신앙생활을 중심주제로 한 삶을 뒤돌아보며,

정리하는 중에 본인의 삶의 열정이 담긴 기록들을 발견하고 고심 끝에 작은 체험이지만 함께 나누고 싶어 이 글을 작은 책자에 담아 출판하게 된 것입니다.

저는 저자의 교회 담임목사로서 그의 진실함과 성실성을 인정하며 이 책의 내용이 그의 신앙생활과 삶을 나타낸 것입니다.

이 책을 읽는 독자분들에게 저자와 같이 삶의 열정을 가지고 신앙생활에서 새로운 것을 추구하며 하루하루를 진솔하고 성실하게 살아가는 길잡이가 되었으면 하는 마음에서 이 책을 적극 추천합니다.

할렐루야. 감사합니다.

2012월 9월

이번에 책을 집필한다는 말을 전해 듣고 그동안 집사님과 같이 신 앙생활을 한명의 안수집사로서 몇 자 적어 봅니다. 저가 집사님 가 정에 대하 모든 것을 속속히 알 수는 없지만 참 화목하고 행복한 가 정인 것 같습니다. 언제나 하나님 모시면서 믿음생활을 잘 하고 계 신 장복순 집사님과 아들 준섭이와 동성이 모습을 보면 알 수 있었 답니다.

우리가 대방성전 시대를 마무리하고 상도성전으로 옮긴 지 여러 해가 지났는데도 변함없이 주일날 아침마다 일찍 교회에 오셔서 온 전한 예배를 드리기 위해 준비하는 집사님 모습이 너무 아름답습니다.

성도님들이 교회에 오기 전에 성전 내·외부 청소를 통해 환경을 아름답게 하여 예배를 온전히 드릴 수 있게 환경을 만들어 주는 것 이 얼마나 중요한 일입니까?

성도님들은 좋은 환경에게 하나님은 영광된 예배를 드릴 수 있어 좋고, 성도님들의 건강에도 매우 좋을 것 같습니다. 아마 하나님께 서 이런 것들을 보시고 더욱 큰 축복을 주시는 가 봅니다. 그리고 집 사님은 수년 동안을 남전도회 강사로서 말씀으로 준비해서 구역예 배를 드리고 이를 통해 하나님께 영광을 올릴 수 있어 감사했습니 다.

신앙생활에 너무 많은 도움이 된답니다. 목사님을 통해 강사교육을 받고 이어 남전도회 회원들이 둘러 앉아 구역예배드릴 때 집사님이 제안한 참석자 가정마다 가족기도를 하는 것이 너무 좋습니다. 남전도회 가정마다 가족의 이름을 직접거명하면서 문제 하나하나를 기도제목으로 하여 하나님께 드리니 얼마나 감사한 일입니까?

이를 통해 기도 응답을 받고 행복하게 살아가는 세상이 되었으니 말입니다. 여러 가지 내용을 하나하나를 열거하려 하니 지면을 많이 사용할 것 같이 여기서 줄일까 합니다. 앞으로도 하나님 사랑 안에 목사님, 안수집사님, 성도님들과 함께 아름다운교회를 만들기 위해 최선을 다해 하나님께 영광을 돌리시기 바랍니다. 아울러 우리 안수집사님 모두가 항상 기도에 힘쓰고 서로 협력하면서 하나님께 영광을 돌리는 삶을 살아 갈 수 있도록 함께 노력합시다.

집사님. 이번 책 출판을 계기로 더욱 크게 발전하시어 하나님이 기뻐하시는 영광된 가정과 교회와 지역사회복음화에도 앞장서는 안수집사님이 되시기를 기도하겠습니다.

감사합니다.

2012년 9월 10일

동작중앙교회 백현득 안수집사

『내가 복음을 전할지라도 자랑할 것이 없음은 내가 부득불 할 일임이라 만일 복음을 전하지 아니하면 내게 화가 있을 것임이로라. 내가 내 임의로 이것을 행하면 상을 얻으려니와 임의로 아니한다 할지라도 나는 직분을 맡았노라(고전9:16-17)』

사랑과 그리움, 이별과 만남이 있던 백사장나루터에서 금빛 모래를 가지고 놀던 고향이 섬진강입니다. 수천년의 세월을 갈리고 씻기어온 자갈 밭 사이로 재짤 거리며 흐르는 보성강과 섬진강이 만나는 곳이 전라선 압록역 어귀입니다. 이곳에서 산길로 십오리(6㎞)를 걸어 들어가야 하는 산간오지에서 태어났습니다. 고향집 뜰 목련화가 따뜻한 봄 햇살에 싱그러운 꽃망울을 터뜨리려 할 때였습니다.

이제는 다 사라진 추억의 완행열차에 10시간 몸을 싣고, 낯설고 물 설은 동네 용산역에 내렸습니다. 이것이 저에게 서울생활의 시작입니다. 첩첩 산들로 둘러 쌓인 산간 오지(奧地)에서 오직 하늘만을 바라보고 평생을 살아오신 어머님으로부터 하늘님만 계신다고 들어

왔습니다. 그러나 서울에서「만물이 그로 말미암아 지은 바 되었으니 지은 것이 하나도 그가 없이는 된 것이 없는」,「살아계신 하나님」을 만났습니다. 그분으로부터 크신 은총을 받아 아주 작은 이 글을 올립니다. 할렐루야.

우리네 인생은 힘들고 지쳐 고난에 처할 수도 있고, 때론 희망이 없어 캄캄한 어두운 밤에 홀로 서 있을 수도 있습니다. 혹시 홀로 근심과 걱정으로 인해 절망에 늪에 빠져 방황하고 있지는 않으십니까?

지금, 이 책을 읽어 보시도록 권합니다.

고난과 절망의 땅, 슬픔과 애통의 땅에서 제가 만났던 하나님, 살아계신 소망의 하나님을 만나실 것입니다. 지금의 어떤 고난이나 수치와 어떤 탄압과 어려움을 겪은 다 해도 하나님은 그곳에 계시면서 눈동자처럼 보호하고 계신다는 것을 아실 것입니다. 믿음·소망·사랑의 하나님은 언제 어디서나, 무엇이든지 하실 수 있는 그 분이 계신 것을 말입니다.

하나님은 불가능을 가능케 하시고 어떠한 경우에도 우리를 결코 포기하지 않으시는 분입니다. 굳게 믿으십시오. 하나님이 우리에게 가장 적정한 때에 은혜와 축복을 주시기 위해 계신다는 것을 믿고 의지하십시오. 우리를 향하신 하나님이 주 예수 그리스도로 말미암아 영광과 위엄, 권력과 권세가 만세 전부터 우리를 택하여 이 땅에 보내셨기 때문입니다. 두려워하지 마십시오.

지금 처해 있는 환경을 보지 말고, 역사하실 하나님을 보십시오.
근심하거나 걱정하지 마십시오.

주께서 나의 슬픔이 변하여 내게 춤이 되게 하시며 나의 베옷을 벗기고 기쁨으로
띠 띠우셨나이다 이는 잠잠하지 아니하고 내 영광으로 주를 찬송하게 하심이니
여호와 나의 하나님이여 내가 주께 영원히 감사하리이다(시 30:11~12)

그리고 지금 감사하십시오. 지금, 그 자리에서 일어나십시오. 덩실
덩실 감사의 춤을 추십시오. 바로 지금 이 시간 기적이 일어납니다.
이것이 주님의 말씀이고 진리(眞理)인 것입니다.

2012년 10월

오종천(吳鍾千)

▌ (주님일기 1989년에서 2010년까지)

너의 갈 길을 가르쳐 보이리라(1989년~2010년)

나 무지하고 어두워 주님이 문밖에 친(親)이 오셔서 마음 문 열어 달라 하실 때 지체하며 박대하는 우(憂)를 범한 세월이 35년이었다.

하나님의 크신 은혜로 곤고한 날이 이르기 전에, 해와 달이 상치하기 전에, 세찬 비바람과 검은 먹구름이 일어나 뒤덮기 전에, 헛되고 헛된 세상을 깨닫게 하셨으니, 이젠 주님이 가신 길을 한걸음 한걸음 따라 가고 있다.

이제 세상에 허물과 죄로 죽었던, 나의 영혼을 살리신 주 은혜로 주님 사랑 없이 살 수 없다. 이렇게 시작한 주님일기가 1989년 7월부터이다. 근심과 걱정이 다가올 때 소망의 하나님께 일기를 썼고, 슬프고 괴울 때 평안과 위로의 하나님께 일기를 썼다. 실망과 낭패를 당한 뒤 십자가 은혜 하나님께 일기를 썼고, 멸망의 포구에 다다랐을 때 하늘 영광 하나님께 일기를 썼다.

병이 들어 고통이 올 때면 치료의 하나님께 일기를 썼고, 죽음에 고통이 올 때는 죽지 않고 살아서 여호와 행사를 선포할 수 있게 하시는 하나님께 일기를 썼다.

대적들이 해하려 할 때 산성이 되시고 방패가 되신 하나님께 일기를 썼고, 열방에게 에워싸여 넘어지려할 때 여호와의 이름으로 끊어 주실 하나님께 일기를 썼다.

의지할 곳 없어 방황하고 있을 때 인애하신 하나님께 일기를 썼고, 믿음이 적어 기도할 수 없을 때 인자하신 얼굴로 다가올 하나님께 일기를 썼다. 영혼에 풍랑이 일어 편히 쉴 곳 없을 때, 안전한 포구가 되신 하나님께 일기를 썼고, 믿음이 연약해 위태할 때 요동하지 않으시고 안보하시는 하나님께 일기를 썼다.

헛된 세상 재물 유혹할 때 겟세마네 피땀을 생각나게 하실 하나님께 일기를 썼고, 세상 권세 나를 해하려 할 때 사랑으로 감싸주실 하나님께 일기를 썼다. 세상 친구 떠나도 어디든지 함께 가실 하나님께 일기를 썼고, 가는 길이 험하고 위태하여 홀로 갈 수 없을 때 나의 손 굳게 잡고 동행하실 하나님께 일기를 썼다.

짐이 너무 무거워 주저 않고 싶을 때 받아 주실 하나님께 일기를 썼고, 가는 길이 너무 멀어 외로워질 때 기쁨으로 대화하신 하나님께 일기를 썼다.

감히 그 전문이 학계에 공개되지 않고 있다는 조선 영조 때 박조수(朴祖壽) 유배기(記)보다, 박지원의 熱河日記보다도 귀하고 아름다운 것들이다. 굳이 그 理由를 밝히라고 한다면, 저자의 삶은 죄악 많고 허물 많은 세상에서 살아온 인생이었지만, "In the beginning was the Word, and the Word was with God, and the Word was God(요1:1)"와 함께 한 아름답고 소중한 기록(28권)들이 있으니 그렇다.

할렐루야.

– 1989년 구원하소서 주님

너희는 이전 일을 기억하지 말며 옛 적일을 생각하지 말라 보라 내가 새일을 행하리니 이제 나타낼 것이라(사43:18-1)

『주님 속히 나를 구원하소서』 하나님의 사랑을 받기 위해 최초의 하나님의 일기에 기록한 1989년 기도제목이다. 6월경 원인을 알 수 없는 고열과 두통이 있어 홀로 인간의 의술로 치료가 불가능한 병이라 생각하고 죽음을 두려워하여 방황했다. 특별한 이유도 없이 죽음 공포와 두려움으로 가득했던 나날을 보냈다. 몸에 고열과 두통이 너무 심했으나 병원에서 정확한 진찰과 정밀검사도 받지 않고 오직 병원에 가면 사망의 진단을 받을 것 같아 병원을 가지 않고 방황만 하고 있었다.

7월 어느 날 인간의 의술로는 불가능할 것으로 홀로 판단하고 전능하신 주님의 품을 향해 내 발로 교회를 찾고 돕는 자를 찾아 다녔다.

하나님이 누구이신지 구원이 무엇을 뜻하는 것인지도 알 수 없었으나, 하나님은 내게 있는 병마를 속히 치료해 주실 것을 굳게 믿고 있었다. 89년 첫해 아주 시급한 나의 목적이 있었기에 한없는 부르짖음과 눈물에 기도가 있었다. 그렇게 89년 주님과 동행이 시작되었다.

나 같은 죄인 살리신 주 은혜 놀라워 잃었던 생명을 찾았고 광명을 얻었네(찬 405)

십자가[十字架 cross]와 예수님이 있다. 무릎을 꿇고 앉아 있다. 십자가에서 강렬한 빛(Serch Light)이 있고, 예수님은 아주 온유한 빛으로 비치고 있다.(89. 9. 20)

▌예수님께 기도

오호라! 나는 곤고한 사람으로 이 땅에 태어나 사망의 몸에서 우리 주 예수 그리스도로 말미암아 구원받았으니 하나님께 감사하리로다. 이제 옛것이 아니요 새 것이 되었으니 구원받은 사람답게 살아야 가야 될 것이 아닐까. 등산베낭 메고 산으로 들로 가서 푸른 산과 들에서 푸른 나무와 푸른 들과 벗 삼아 놀던 그때를 뒤로 하고 이젠 성경말씀 들고 주님의 성전으로 간다. 이 땅에 태어나 생전 처음으로 우리가정에서 전도사님과 함께 주님을 모시고 예배(1990. 2. 18)를 드렸다.

정사와 권세를 벗어버려 밝히 드러내시고 십자가로 승리하셨느니라. 그러므로 먹고 마시는 것과 절기나 월삭이나 안식일을 인하여 누구든지 너희를 평론하지 못하게 하라. 이것들은 장래 일의 그림자이나 몸은 그리스도의 것이니라(골2:18)

이제는 양심으로도 아니고 법적인 행위로도 아니고 오직 예수 그리스도를 믿음으로 구원을 얻은 백성으로 살아야 되는 데 이것이 큰 과제이다. 어떻게 해야 구원 받은 사람답게 살 것인가? 내 중심이 아니고 예수님 중심으로 살아가는 삶이 되어야 한다.

주님 나를 부르셨으니 주님 나를 부르셨으니 내 모든 정성 내 모든 정성 주를 위해 바치리라. 주님 주님 나에 기도들으사 영원토록 주님만을 사모하게 하옵소서』, 『주님 나를 부르셨으니』는 나의 노래가 되었다.

〔가정예배 자료 국민일보 주를 기다리는 성도〕

그날과 그 때는 아무도 모르나니 하늘이 천사들도 아들도 모르고 오직아버지만 아시느니라(마24:36)

딤전 4장 1절에 보면 "그러나 성령이 밝히 말씀하시기를 후일에 어떤 사람들이 믿음에서 떠나 미혹케 하는 영과 귀신의 가르침을 좇으리라 하셨으니"라는 말씀이 있습니다. 성경은 말세가 다가올수록 믿음을 떠나 세상으로 향 할자가 많다고 말씀하셨습니다. 오늘날 말세를 당하여 미혹케하는 영과 귀신의 가르침을 좇고 있는 사람이 얼마나 많은지 모릅니다. 어떤 자들은 예수님의 동정녀 탄생을 부인하고 천국과 지옥을 부인하며 다만 사회개혁을 하는 것만 복음이라고 말합니다. 그런가 하면 금방이라도 주의 재림이 있을 것처럼 말하면서 현실을 무시하고 신비만 강조하는 극단적인 말세론자도 있습니다. 그리고 귀신의 소리를 듣고 자기가 메시아라고 떠드는 사람이 있습니다. 이와 같이 거짓이 소용돌이 치는 가운데서 우리른 길이요 진리요 생명되신 예수 그리스도를 믿고 성령으로 충만한 생활을 해야 합니다. 성경에는 마지막 때에 하나님께서 그리스도의 신부들은 단장시키기 위해 성령운동을 일으킬 것을 예언해 놓으셨습니다. 야고보서 5장 7절로 8절에『형제들아 주의 강림하시기까지 길이 참으로 보라 농부가 땅에서 나는 귀한 열매를 바라고 길이 참아 이른비와 늦은비를 기다리나니 너희도 길이 참고 마음을 굳게 하라 주의 강림이 가까우니라』말씀하셨습니다. 농부는 농사를 거두기 위해 이른 비와 늦은비를 기다립니다

오늘날 그리스도인들은 하늘나라 곡식들입니다. 추수할 알곡들입니다

이른비는 오순절 다락방에 임하였던 성령을 말하는 것이고 늦은비는 오늘날 우리에게 부어지는 성령입니다. 1900년대로부터 늦은비 성령이 부어지기 시작하여 90년이 지난 오늘날에도 성령운동이 활발하게 전개되고 있습니다. 이처럼 주님께서 성령운동을 일으켜서 성령의 불길은 능력으로 예수님 사랑하는 자들을 단장시켜 데려가기 위하여 준비하고 계시는 것입니다. 그렇다면 우리는 예수님을 맞을 준비를 어떻게 해야 할까요?

마태복음 24장 36절에는『그날과 그때는 아무도 모르되 오직 하늘의 아버지만 아신다』고 했습니다. 그러므로 우리는 충성되고 지혜 있는 종이 되어야 합니다. 기름을 준비하여 예수그리스도를 맞이한 슬기로운 다섯처녀와 같이 항상 깨여 기도하며 그리스도께서 오실 날을 기다려야 하는 것입니다. 그런 가운데『착하고 충성된 종』처럼 삶을 살아야 합니다.

그럴 때 우리는 하나님의 참된 자녀로 빛과 소금이 될 수 있습니다. 할렐루야.

천국 특보 BIG NEWS 지상최대 빅-뉴스의 초점 「지구촌에 종말을 올 것인가?」 지구의 파멸과 인류의 파멸 · 예수 · 재림 · 구원 「샬롬 복음」 1991년은 한해는 구원의 확신도 갖기 전에 초 신자들에게는 참으로 혼란스러운 한해였다. 예수 재림에 대한 일부 선교교회의 증거는 사회적인 혼란을 크게 초래했던 한해였다.

1992년에 예수님 공중재림하십니다. 92년 10월에 공중재림하십니다.

2,000년전에 오셨던 예수님은 92년에 공중으로 다시 오십니다. 왜냐하면 하나님께서 사랑하는 자들이 고난 받고 고통당하는 것을 더 이상 원치 않으시기 때문에(계21:14) 그들을 구원하시려 92년 10월에 공중에 재림하시는 것입니다. 92년에는 성도의 휴거가 있습니다.

형제여 재림주 예수님을 맞이할 수 있도록 준비하고 있습니까? 형제여 말세에 징조를 아십니까? 형제여 예수님의 공중재림과 휴거의 때를 아십니까? 형제여 7년 대환난때 성도를 예비된 처소를 아십니까? 형제여 세상종말과 천년왕국이 시작됨을 아십니까? 형제여 99년도 10월에 지구촌에 불심판이 있음을 아십니까? 형제여 적그리스도의 때와 666숫자를 얼마나 아십니까? 형제여 하루 중 첫 시간 예배를 통하여 성도가 영화되기를 원하심을 아십니까? 형제여 예수님은 과연 도적 같이 오실까요?

(당시 선교회자료 옮김)

예수님 공중 재림에 대한 각종 자료를 선교회에서 길거리에서 배부하고 있었다.(MBC PD수첩 1991. 1. 8. 밤 11시 보도).

▌路上 예수님 공중재림 및 휴거 자료들

〔★가라사니 /성도에게 진짜보물은 무엇일까〕
　　　　※가라사니 : 사물을 판단할 수 있는 지각/순수 우리말

옛날 어느 아버지가 임종에 임박하자 세 아들에게 구슬을 하나씩 주었다.

이것은 대대로 우리집에 내려온 보물이다. 잘 간직하고 아버지생각이 나면 꺼내 보아라』. 그런후 아버지는 운명을 하였다. 아들 셋은 이 구슬을 소중하게 여겼다. 그런데 어느날 동네노인이 이런 말을 하였다.

『사실은 진짜 대대로 내려온 보물은 한 뿐이고 둘은 너의 아버지가 일류기술자에게 부탁해 만든 만든 가짜다. 구슬을 들여다 봐도 전보다 소중한 줄도 모르겠고 아버지가 존경스럽지도 않았다. 그런데 어떻게 진짜와 가짜를 구분할 수 있을까를 고민하던 삼형제가 슬기로운 노인을 찾아갔더니 이렇게 말했다.

『믿어라(마8:13) 진짜라고 믿으면 진짜고 가짜라고 믿으면 가짜다. 구슬보다 너의 마음이 문제다. 의심은 마귀다. 너의 아버지는 본디 세 구슬을 유산으로 받았단다. 삼형제는 이리하여 평안을 되찾았다(롬4:20) (최래옥 · 국문학자, 계자씨 옮김)

– 1992년 다사다난했던 나날

가산이 적어도 여호와를 경외하는 것이 크게 부하고 번뇌하는 것보다 나으니라. 여간 채소를 먹으며 서로 사랑하는 것이 살진 소를 먹으며 서로 미워하는 것보다 나으니라(잠15:16-17)

이 땅을 살아가는 우리의 인생의 고난의 연속인가 보다. 하나님을 사랑하는 나의 인생이 너무 힘들고 지쳐 견딜 수 없었다. 홀로 주님의 말씀이라 믿고 겁 없이 수행한 강화도 온천개발에 참여이며, 교회장로라고 하면 모두 신실한 자로 인식하고 주택 신축과 관련하여

돈을 거래한 것, 법과 절차 없이 시유지 불하문제를 내편이 되신 주
님이름으로 한다면 풀릴 것이라는 지혜롭지 못한 생각, 이 모든 것
을 분별없이 행동하다 보니 근심과 염려로 점철된 고난의 한해가 시
작되었다.

국가적으로는 14대 대통령선거가 12월 18일 선거가 있어 김영삼
대통령이 선출되었고, 지난해 재림선교회에서 사회를 혼란하게 했
던 예수재림에 대한 연도이기도 했다. 시한부종말론 교회에서 10월
28일 24시 휴거준비 예배를 잇따라 가지면서 신도들에게 행동지침
을 전달하기도 했다. 서울시내에만 11개 시한부 종말론 교회들은 10
월 28일 10시부터 29일 새벽 2시사이에 휴거예배를 드렸다 한다.

〔★ 가라사니 /250명의 법칙〕
미국의 어느 통계자료에 의하면 사람은 일생동안 한 사람당 250
명과 가까운 인간관계를 맺고 있다고 한다. 한사람 한 사람이 250명
과 관계를 맺고 사회생활을 하고 있기 때문에 각자가 사람을 대할
때 250명을 상대 하듯이 정성을 다하라는 것이다. 따라서 우리가 예
수의 사랑을 전하기 위해 언제·어디서·누구와 만날 때에도 정성
과 최선을 다해야 한다. 그것이 그리스도의 사랑이고 예수님이 우리
에게 명하신 에루살렘과 유대와 사마리아와 땅 끝까지 이르러 내 증
인되라고 명하신 것을 실천하는 것이다.

- 1993년 하나님과 함께 하셨으니

인생의 고난으로 너무 힘들고 지쳐 견딜 수 없어 하나님이 나와 함께 하시어 이 어려운 난관을 해결해 주시기를 기도로 시작하는 해이다. 홀로 주님의 말씀이라 믿고 겁 없이 수행한 온천개발이며, 교회장로에게 주택 신축과 관련하여 돈을 지급한 것과 시유지 불하문제를 주님이름으로 하면 풀릴 것이라고 철없이 믿고 행정소송을 수행한 것들을 모두 해결할 수 없어 고통과 번민의 큰 짐을 지고 간다.

네 짐을 여호와께 맡겨 버리라 너를 붙드시고 의인의 요동함을 영영히 허락지 아니 하시리로다(시55:22)

무슨 일이든 나의 힘으로 해결하려고 하니 걱정과 근심만 쌓여 간다. 이 모든 것이 나의 잘못된 믿음일 수 있고, 죄의 문제일수 있다. 그래서 1993년 믿음의 제목은 예수님 안에 생명이 있었으니 그 생명은 나의 빛임을 믿고 한해를 시작한다. 하나님이 나와 함께 하심은 곧 모든 것이 협력하여 선을 이루어 주심을 확실히 믿고 의지하면서 간다. 도무지 이 아들의 능력으로는 해결할 수 없는 일들을 주님의 선하신 권능으로 하나하나 해결해 주실 기적을 바라본다.

할렐루야.

『너는 장복을 받으라』

아버지 長福장복이 무엇인가요?

『장복은 네가 長壽하며 福을 받으라는 것』이다. (1993년 1월 29일)

〔★가라사니 /산상기도 중 산삼 캤다〕

전주시 중화산동 전등교회 황인석 목사는 1993년 10월 14일 오전 9시 30분경 전북 순창군 팔덕면 군립공원 강천산에서 기도를 하다 산삼 한 뿌리를 캐낸데 이어 16일까지 무두 8뿌리를 캐냈는데 이들 산삼 모두 1백50년이상된 것들이라고. 특히 이중 한 뿌리는 1백20cm 몸통 42cm로 당시까지 국내에서 발견된 것 중 최대의 크기로 적어도 300년은 훨씬 넘은 것으로 보고 있다고 했다. 전등교회는 91년 50평의 상가건물에서 개척하여 현재 35명이 예배를 드려왔고 오는 11월 계약만료로 비워주어야 할 입장에 처해 있었다 한다. 이전 비용을 마련하지 못한 황목사와 교인들은 40일 작정기도후 산에서 기도를 드리러 강천산을 찾았으며 이때 황목사는 기력이 떨어져 혼자 산중턱에 남아 바위 밑에서 기도를 드리던 중 산삼을 보았다 한다. 처음 한 뿌리만 발견했던 황 목사는 하산중이던 교인들과 인근산을 뒤졌으나 더 이상 산삼을 발견치 못하고 독사를 만나 잡은 후 교회로 돌아왔다 한다. 이튿날 교회 장로들과 함께 다시 전날 산삼 발견 장소로 가 돌아다니다 기적적으로 3뿌리를 더 발견했고 길이 1백20cm

짜리를 포함한 4뿌리를 새로 캐냈다는 것이다. 황목사는 내가 태어나기 수백년전 하나님께서 이날을 위해 심어두신 산삼이라고 믿는다고 했으며, 이 삼삼을 팔아 전액을 교회 이전비용에 충당한다고 했다』(국민일보 '93. 10. 21 옮김)

– 1994년 여호와는 나의 목자

너 쓸 것미리 아시고 주너를 지키리 구하는 것을 주시며 주 너를 지키리. 주 너를 지키리 아무 때나 어디서나 주 너를 지키리 늘 지켜주시리
(찬 432)

작년부터 지고 온 나 홀로 무거운 짐을 어찌 지고 가리요. 강화도 석모도 온천개발에 참여한 비용이며, 주택의 신축을 위한 공사금액을 어떻게 마련할 것인지, 우리 대지에 있는 시유지 불하를 받아야 주택을 신축할 수 있는 데, 이 모든 것에 돈이 있어야 해결되는 데 이 어찌 중한 근심과 걱정이 되지 아니 하리요.
　(당시 많고 많은 일들로 인해 걱정과 근심가운데 살아가는 나의 삶을 어느새 벗어나는 것을 보여주신 것임이다)
　할렐루야.

『산속 큰 호수에 물이 가득히 차 있다. 호수 한 가운데에 내가 갇쳐 있다. 홀로 서서 사면을 바라보고 도와 달라고 소리쳐도 누구하

나 도와 줄 이 없다. 모든 것 포기하고 홀로 헤엄쳤더니 어느새 호수 밖으로 나왔다. 호수 밖이 너무 멀게만 느껴져 불가능해 보였지만 헤엄쳐 나오니 어느새 호수 밖으로 도달했다.(1994. 1. 3)』

올 한해〔예레미야가 아직 시위대 뜰에 갇혔을 때에(렘33:1), 너희는 두려워 말고 가만히 서서 여호와께서 오늘날 너희를 위하여 행하시는 구원을 보라 너희가 오늘 본 애굽 사람을 또 다시는 영원히 보지 못하리라 여호와께서 너희를 위하여 싸우시리니 너희는 가만히 있을 지니라(출14: 13-14절)〕 내가 산을 향하여 눈을 들리라 나의 도움이 어디서 올꼬 나의 도움이 천지를 지으신 여호와에게서로다(시 121:1-2)

할렐루야.

〔★ 가라사니 /좋은 아버지 20계명〕

- 자녀가 자기 의견을 스스럼 없이 조리 있게 말 할 수 있도록 분위기를 조성해 준다.
- 자녀의 인격과 결정권을 존중해 준다.
- 자녀가 좋아하는 책이나 텔레비젼을 함께 보고 대화를 나눈다.
- 공부하라는 말은 적게 하고 부모가 책 읽는 모습을 보인다.
- 자녀와 함께 책방을 자주 가본다.
- 자녀와 여행이나 견학, 독서를 함께 하거나 집안일을 같이 하면

서 대화의 시간을 갖는다.

- 식사할 때 자녀와 대화하면서 식탁예절을 지도한다.

- 아이와 한 약속은 반드시 지킨다.

- 똑 같은 일로 두 번 야단치지 않는다.

- 자녀 앞에서 남을 흉보지 말고 다른 사람의 긍정적인 면을 이야
  기한다.

- 자녀앞에서 부부싸움을 하지 않는다.

- 집안의 힘든 일에 자녀를 참여시켜 협동심을 길러준다.

- 휴일은 박물관 견학, 가재도구 손질 등으로 다양하게 보낸다.

- 자녀에게 자신의 일기장 등을 잘 보관하도록 일깨우고 가능하
  면 집에 가족박물관을 만든다.

- 자녀가 잘못했어도 손으로 때리지 말라, 꼭 필요할 때 한해 벌
  을 세우거나 회초리를 든다.

- 가훈을 정하거나 개성있는 집안 분위기를 만들고 창조적 놀이
  의 개발을 통해 집안의 문화적 기풍을 만든다.

- 남의 아이도 내 아이처럼 사랑한다.

- 작은 물건도 아껴쓰고 재 활용하도록 지도한다.

- 자녀 앞에서 외제품을 좋아하는 모습을 보이지 않도록 한다.

- 자녀 앞에서 교통신호를 어기거나 거짓말을 하지 않는다.

  (한겨레신문 '94.3.3 좋은 아버지 모임 옮김)

여호와를 경외하며 그 도에 행하는 자마다 복이 있도다 네가 네 손이 수고한 대로 먹을 것이라 네가 복되고 형통하리로다 네 집 내실에 있는 네 아내는 결실한 포도나무 같으며 네 상에 둘린 자식은 어린 감람나무 같으리로다 여호와를 경외하는 자는 이같이 복을 얻으리로다 여호와께서 시온에서 네게 복을 주실지어다 너는 평생에 예루살렘의 복을 보며 네 자식의 자식을 볼 지어다 이스라엘에게 평강이 있을 지로다(시128:1-6)

89년부터 시작된 6년의 가혹한 지옥훈련을 통해 하나님을 만났고 구원을 받았으니 이제는 복 많이 받을 때가 되었다. 주님이 올해 새해 아침소망은 "우리 가족과 귀한 아들에게 사랑을 베풀어 주시고 영광을 하나님께 돌릴 수 있도록 하옵소서"이다. 무엇보다도 하나님이 인도하시는 대로 행하여 말씀에 합당한 삶을 보내도록 하는 것이 목표가 되었다. 지난해 산적해 있던 많은 문제 해결되어 가고 직장에서 계장으로 승진도 되어 더욱 주님께 충성하는 삶을 살기를 원했지만 언제나 부족함이 많았다. 일본은 1995년 1월 17일 새벽에 간사이 지방을 강타한 지진으로 1만여명이 사상자가 발생하여 나라 전체가 큰 충격으로 빠졌다. 성경에는 지진에 대한 기록이 출애굽기 19장 18절, 사사기 5장 4절, 시편 68장 8절 · 시편 18장 7절, 열왕기상 19장 11절, 마태복음 24장 7절 · 28장 2절, 사도행전 16장 26절, 요한계시록 8장 5절에 나온다. 「지진은 단순한 재앙인가라는 기독교

시각과 창조과학자 분석은 지진을 비롯한 환경의 대변혁에는 하나님의 섭리가 작용하고 있다. 역사적으로 우상숭배와 인간의 타락이 성행할 때 지국의 대격변이 있어 왔다. 이러한 맥락에서 일본간사이 지진에 대한 기독교의 해석은 단순하지 않다. 현재 일본에는 신사를 비롯 잡신과 우상이 8백만개에 달하고 있어 한마디로 우상의 집합체라고 할 수 있다. 우상이 판을 치는 세상에는 심판이 따른다는 것이 성경이 제시하고 있는 경고다. 우상은 인간의 심성을 파괴하고 흉하게 만들며 하나님의 권위를 부정한다. 인간의 의식까지 우상이 지배해 하나님이 그의 모습대로 창조한 인간을 사탄화한다는 것이 기독교의 해석이다.(1995. 1. 19 국민일보 옮김)」

〔★ 가라사니 /하나님의 성공법칙〕

월요일은 성취동기를 가지라.(하나님께 간구가 필요하다)

화요일은 남을 존경하는 데 힘쓰라.

수요일은 먼저 무엇이든 주어보라

목요일은 열성을 다하라

금요일은 실패를 선용하라

토요일은 생각을 바꿔라

주일은 범사에 감사하라

〔성공하려면 한 알의 밀알이 돼 죽으라 서정웅 목사(삼성교회 한국영성인력개발원장/국민일보 1995. 2 보도자료 옮김)

『하나님의 음성 곧 그 입에서 나오는 소리를 들으라 들으라. 그 소리를 천하에 퍼치시며 번개 빛으로 땅 끝까지 이르게 하시고, 그 후에 음성을 발하시며 위엄의 울리는 음성을 내시고는 그 음성이 들릴 때에 번개 빛을 금치 아니하시느니라. 하나님이 기이하게 음성을 울리시며 우리의 헤아릴 수 없는 큰일을 행하시느니라(욥37:2-5)』

아침 식탁에 앉아 하나님께 식사기도를 드리는 데 전혀 예상하지 않는 기도들이 입으로 나오고 귀로 듣게 되었다. 식사기도 중에 감동으로 주신 그 말씀은 하루일과 중에 열매가 반드시 열리는 것을 볼 수 있었다.

하루일과 중에 특별한 사항이 있을 경우는 주님이 속히 될 일을 감동으로 주시는 때가 있어 11월부터는 아침식사 기도를 드리면서 성령님이 무슨 음성의 말씀을 하시는지를 더욱 사모하게 되었다. 「미국에 캘리포니아에 파라마운트 교회에 빌 화이트 목사님의 이야기이다. 빌은 매일 이른아침 6시반에 기도하는 습관이 있었다 한다. 어느 날 아침 아내와 어린아이는 새벽잠에 취해 있는 동안 평소와 다름없이 거실 귀퉁이에서 기도를 드리고 있었다. 언제나 기도 했던 것처럼 하나님께 축복해 달라고 기도했다. 몇 번에 걸쳐서 하나님 저를 축복해 주소서. 하나님 저를 축복해 주소서. 그리고 저에게 진실로 저를 사랑하신 다는 것을 특별한 확신을 주소서 기도했다. 빌

목사가 간절히 기도하면서 거실 방문 귀퉁이를 바라보았다. 22개월 된 어린 아들이 앞방에서 천천히 걸어 나오고 있었다.

그 어린아이는 빌 목사의 깍지 낀 손에 올려놓았다. 그리고 어린아이는 말했다. "HI Special One, HI Special One, HI Special One, HI Special One, HI Special One, HI Special One" 매일 매일 습관처럼 기도를 해 왔는데 어린아이가 한 번도 일어나지도 않았으며 22개월 된 어린아이가 어떻게 당신은 특별사람이라고 6회 나 말할 수 있을까 전혀 예상하지 못했다고 한다.(cts방송청취)」

하나님은 언제 · 어디서 어떠한 말씀을 하실지 몰라 심령이 가난한 자로 천국에 복음을 사모하는 심정으로 살아가려고 한다.

할렐루야.

〔★가라사니/97년 대학수학능력시험 전국수석, 남 · 여(인문계) 전체 수석 인터뷰 신문보도 옮김〕

• 전국수석 제주대기고 서준호 군은 평균 하루 수면 6시간을 유지했으며, 과외는 전혀 하지 않았으며, 예 · 복습을 철저히 했다.
• 여자전체수석 성남 서현고 졸업생 윤지완 양은 재수 끝에 영예를 획득했으며 신문을 열심히 읽었다 한다. 공부가 되지 않을 때는 친구들과 영화를 보거나 수다를 떨면서 재수생활의 스트레스를 극복했다.

- 남자인문계수석은 경남 창원중앙고 정용식 군 평소 학교수업을 착실히 듣고 예·복습과 자율학습을 열심히 했으며 소설류를 많이 읽었다 한다.
- 여자인문계수석은 서울 개포고 김재은 양 학교 자율학습을 마치고 집에 돌아와 신문·잡지를 읽었으며, 여러 분야에 많은 책을 읽었던 것이 수학능력에 큰 도움이 된 것 같다고 했다.

- 1997년 일어나라 빛을 발하라

일어나라 빛을 발하라 이는 네 빛이 이르렀고 여호와의 영광이 네 위에 임하였음이니라. (사60:1)

이대로 앉아 있을 수 없다.
이 말씀을 발판으로 일어나자
오직 여호와께서 일으켜 세우실 것이다.
1997년은 하나님 한분으로 만족하리다.
할렐루야.

〔★가라사니/ 슬픈 미소(IMF 국가부도사태)〕
1997년 12월 3일 우리나라 경제 국치일이라고 온통 매스컴에 난리이다.

아이엠에프가 무엇인지-IMF가 무슨 뜻인지 우리 국민은 알지 못한다.

일찍이 우리 국민의 안중에 이런 것들이 있었던가! 어떻게 하면 잘 먹고 잘 살 수 있을까? 어떻게 하면 편하게 살 수 있을까? 우리 국민 모두는 저 푸른 초원의 그림 같은 집은 아니더라도 피땀 흘려 괭이와 호미로 땅 파고 일구면서 각자가 주어진 자리에서 최선을 다해 살아왔다.

잘 살아보세! 잘 살아보세! 우리도 한번 잘 살아보세! 내가 어렸을 때에 새벽단잠을 깨워 골목길을 빗자루로 쓸고 가꾸며 조국 대한민국을 피땀 흘려 건설하였던 것이 우리 모습이 아니었던가. 이에 우리 국민은 귀가 있어도 듣지 못하며 눈이 있어도 볼 여유를 찾을 수 없는 세월을 보냈다.

하지만 이제는 어렴풋이 국민의 눈으로 세상을 볼 수 있으며, 국민의 가냘픈 목소리지만 귀로도 들을 수 있게 되었다.

지난날 우리 국민은 유능하시고 고명하신 분들과 자리가 높으신 분들의 말씀만 들으면 모든 것이 진리이고 참이며 우리 앞길의 등불인 줄 알았건만, 이제는 그들이 말한들 그대로 믿으려 하지 않는 현실을 보면서 가슴을 치며 통곡할 자가 많으리라. 아니! 우리 국민 중 유능하고 고명하며 자리가 높으신 분들 제외하고 대다수의 국민은 여기에 동감하리라. 그러나 그 국민이 몇 명이며 그들이 누구인지는 나의 두 자리 숫자 머리로는 헤아릴 수 없다.

우리 국민은 나랏일에 접할 수 있는 것은 예전엔 요술 상자, 요즘에는 색깔활동사진 상자, 흰 종이에 깨알처럼 빽빽이 채워 놓은 수많은 글자와 그림들을 보고 들으며 참인지 거짓인지도 모른 채 믿을 수밖에 없었다. 그런데 1997년 12월 5일 국민일보의 〈낮은 목소리〉 임순만 문화부장의 칼럼 내용을 보면서 유능하며 고명한 사람도 이런 진실의 글을 쓰실 수도 있구나!

나는 놀라지 않을 수 없었다. 읽고 또 읽고, 보고 또 보고, 나의 눈을 의심하고 의심 했건만 종이에 기록되어 있는 것만은 분명했다. 왜! 왜! 왜! 이제야 우리의 비뚤어진 우리 눈과 귀를 조금이나마 제자리에 가져다 놓게 하는 것일까? 귀하신 선생님과 같은 사람들이 조금 일찍 우리에게 갈길을 밝혀 주었으면 오늘날 이런 통곡 기념일은 없었을지도 모른다.

늦은 슬픈 미소로 쓰라린 나의 가슴을 가득하게 채우지는 않았을 것이리라!

오호! 통재라! 지난날 우리의 선인들이 몸서리치며 애타게 조국을 지키려고 고귀한 생명을 불사르며 가셨던 그분들 앞에서 유명하고 고명하신 높으신 사람들은 무엇이라고 아뢸 수 있을지 묻지 않을 수 없다.

무릎 꿇어 빌어본 들, 엎드려 통곡한 들 무슨 소용이 있겠는가?

이제라도 제발 우리 국민의 눈과 귀를 제자리에 돌아 갈 수 있도록 하여 주시길 간곡히 요청한다. 그리고 지금이라도 지난날과 어제의 모습들로 회귀하지 말기를 간곡히 간청한다.

나는 감히 예수님과 함께 하는 자와 국민일보의 독자로서 다른 어떤 언론매체라면 몰라도 국민일보만은 우리 예수님의 사랑과 실천을 통한 우리의 귀와 눈이 정(正)자리에 있도록 하며 우리의 얼굴이 일그러지지 않게 해주길 간곡히 부탁한다.

하나님의 말씀에 세상과 타협하지 말라고 경고하신 주님의 말씀을 생각하면서 진실 그대로를 독자 앞에 밝혀 우리가 판단하는데 혼란이 없도록 도와주길 바란다.

차제에 하나님의 말씀을 증거하고 있으며 주안에서 자리가 높으시며 능력 있으시다고 하신 사람들 중에 지난날 우리 믿는 자를 혼란스럽게 한 사람들에게 말씀을 드리고 싶다.

90년대 초, 우리 믿는 자들에게 하나님의 말씀을 증거하는 몇 몇 분들이 나라대사(大事)를 주님 말씀(계시)인 양 증거하는 우(愚)를 범하여 우리 믿는 자들로 하여금 판단을 흐리게 하고 혼란스럽게 한 분들이 있지는 않았는지 말이다. 그 분들은 지금에 와서 하나님과 국민들 앞에 부끄러운 모습을 보일 수밖에 없는 현실을 그 분들은 어떻게 설명할 것인지 묻고 싶다.

하나님의 거룩하신 말씀을 본인의 뜻과 생각대로 증거하는 우(愚)를 또 다시 범하지 않기를 바란다. 우리처럼 적(小)은 믿음을 가진 자가 주님의 말씀대로 살지 못하며, 귀한 믿음이 흔들릴까 두렵다.

지난날(90년대 초)에 하나님의 말씀인양 전하신 귀하신 분들은 97년 12월 3일 슬픈 기념일이 우리에게 올 줄을 알았는지 몰랐는지 궁금하다.

주님 말씀이라면 정확하고 당당히 밝혀 온 세상에 빛과 소금의 역할을 다하여야 할 것이나 사적인 생각을 마치 하나님 말씀인 것처럼 증거하는 우(愚)를 주님은 원하지 아니하시리라.

할렐루야.

나의 달려갈 길과 주 예수께 받은 사명 곧 하나님의 은혜의 복음 증거 하는 일을 마치려 함에는 나의 생명을 조금도 귀한 것으로 여기지 아니 하노라(행20:24)

확실한 것을 증거하고자 하는 분은 목숨을 걸고 당당하고 정확하게 만천하에 선포하여 하나님께 영광을 돌리며 우리 믿는 자들에게 기쁨이 될 수 있도록 해 주시기 바란다. 아무튼 예수 믿는 자와 국민일보를 사랑하는 모든 사람들은 하나님의 귀한 뜻과 사명을 감당하기 위해 조금도 흐트러짐이 없이 행동해야 한다. 또한 나라의 경제난국을 타개하기 위해 하나님의 사랑 없이는 결코 해결 될 수 없음을 명심하고, 『믿는 자에게는 능치 못할 일이 없느니라』 마가복음 9장 23절 약속의 말씀을 굳게 믿고 믿는 자부터 대대적인 회개운동을 전개해야 한다. 우리나라 경제회복과 앞날에 무궁한 주님의 은총이 있도록 기도와 간구로 아뢰어 모든 일에 승리하는 그날이 속히 오기를 기약해 본다. 아울러 임순만 국민일보 문화부장의 낮은 목소리가 『큰 목소리로 변하는 날』 국민은 기뻐 날뛰며 춤추며 즐거워 할 것이다.〔국민일보 임순만 문화부장 컬럼 읽고 1997. 12. 7 作成 未 發送〕

– 1998년 기도하여 갑절의 축복을 받자

무조건 기도하자. 그리고 의지하자. 충실하자. 경건한 삶을 살자. 주님께.

새해가 밝았다. 어제 내린 눈이 새해에 관악산에 오르고 있는 가족의 발걸음을 무겁게 한다. 새해 두 번째 날이다. 길은 미끄럽고 볼에 스치는 바람은 차다. 그러나 올라가야 한다. 새해 하나님을 향해 발걸음이 시작되었으니 가자. 올해 기도목표를 놓고 기도하자.(올해 다짐)

〔★ 가라사니 /화목한 가정엔 공동목표가 있다〕

• 주도적이 돼라=감정과 상황에 좌우되지말고, 원칙과 가치에 따라 행동한다.

• 목표를 확립하고 행동하라=우리가족이 어떤 모습이어야 하는지에 대한 분명한 비전을 갖는다.

• 소중한 것부터 먼저 하라=화목한 가족에 우선순위를 둔다면 이를 계획하고 실천하는 의지가 있어야 한다.

- 상호이익을 먼저 추구하라=가사에 매몰된 아내, 바깥으로만 성공한 남편은 결코 행복할 수 없다.

- 경청한 다음에 이해시켜라=자신의 안경을 벗고 다른 사람의 눈을 통해 세상을 보는 능력을 갖지 못하면 가족 구성원간에 진정한 유대관계를 쌓을 수도 없고 다른 사람에게 긍정적인 영향을 줄 수도 없다.

- 시너지를 활용하라=모두를 이롭게 한다는 목표를 가지면 하나 더하기 하나가 셋이 되는 마술이 될 수도 있다.

- 끊임없이 쇄신하라=가족내 의식과 축하모임 행사를 통해 우리 가족만의 전통을 만들자.(코비박사, 성공한 가족 7가지습관, 문화일보 1998. 11. 23)

- 1999년 하나님의 큰 사랑을 받는 한해가 되도록 최선을 다하자

송구영신예배를 드리고 02시 30분에 집에 돌아 왔다. 올해 기도제목을 가지고 열심히 살아가는 일년이 되도록 노력할려고 한다. 특히 올해는 하나님의 큰 사랑을 받고 싶다. 하나님말씀에 순종하며 말씀대로 살고 싶다. 지난 세월은 후회와 아쉬움이 가득하다.

올해는 그 전철을 밟지 않을 것이다. 노력하자. 그리고 승리하자. 매일 3회 이상 기도하고 일일 1시간 이상 기도하자.(1999. 1. 1 새해 아침)

〔★ 가라사니 /제사음식 먹어도 되는가〕

명절이 돌아오면 걱정이 된다 라고 말하는 분들이 많다. 제사 음식을 먹어야 되는지 먹지 말아야 되는지 잘 모르기 때문이다. 성경은 성도에게 먹어야 될 때(고전10:27)가 있는가 하면 먹지 말아야 할 때(10:28)가 있다고 가르치고 있다. 문제는 음식이 아니라 그 음식에 어떤 의미를 부여하고 먹느냐가 중요하기 때문이다.

모든 것은 주의 것(고전10:26)이기 때문이다. 그러므로 제사음식은 모두 먹어도 되고 먹지 말아도 된다. 다만 먹든지 마시든지 무엇을 하든지 하나님의 영광을 위해 하여야 한다(고전10:31). 99년도도 설날을 통해 복음을 증거하는 기회가 되시길 바랍니다.

(국민일보 1999. 2. 21C세계복음화부흥사협의회 김우경 목사 옮김)

− 2000년 새천년 시작

주님일기 수집된 자료 分類

「동녘 하늘에 솟아오르는 저 태양은 주님 은혜이고

　서녘 하늘로 지는 저 태양은 주님의 사랑이다

　험난한 고개에서도 주님은 내 손을 뿌리 친적 없고

　환란의 들판에서도 업은 나를 내려놓지 않았다

　고통 중에 내가 부르짖을 때 주님은 응답 안 하실 일 없고

　대적들이 나를 해하려 할 때 내편이 되셨다

　내가 지쳐 앉아 있을 때 주님은 내게 힘주어 걷게 했고

　내가 절망 중 넘어지려 할 때 붙잡아 주셨다

　의인의 장막에 기쁜소리 구원의 소리 들리고

　젖과 꿀이 흐르는 새 하늘이 열리는 새천년에

　내려놓았다」

〔★ 가라사니 /맥아더장군 기도문〕

이런 아들을 주소서. 주님.

약할 때 강함을 알 수 있는 아이

두려울 때도 용감히 맞설 수 있는 아이

그의 바람이 행동으로 이루어지도록 하시고 쉽고 평안한 길만이

아닌 어려움과 도전의 아품도 있지만 격려가 있는 그런 길로 인도하

소서

폭풍우 가운데서도 서 있는 법을 알도록 하소서

그리고 실패한 자들을 위로 할 수 있는 자가 되게 하소서

마음이 깨끗하고 목표가 높으며 남을 정복하기 전에 자기를 정복할 수 있고 과거를 잊지 않으면서 미래로 나가는 그런 아이가 되게 하소서

무슨 일이든 늘 심각하지 않도록 하소서

그리하여 아버지가 된 내가 그 아들을 인하여 감히 말할 수 있도록 하소서『내사 헛되이 살지 않았구나』(맥아더 기도문 옮김)

– 2001년 전진하는 한해

「하나님의 사람안에서 나래를 펴고 전진하는 한해가 되도록 하자」

온천지에 축복의 함박눈이 내리고 있다. 새벽예배를 드리러 교회로 향했다. 하늘에서 주님이 주신 함박눈은 올해 말씀의 축복을 말씀하고 있다. 진정으로 주님이 예비한 축복을 받으면서 전진하는 한해가 되도록 하자. 하나님과 동행하는 삶속에 기적을 체험하면서 살아가는 하루하루가 되기를 기도한다.(출발 다짐)

할렐루야.

〔★ 가라사니 /오레곤에서 하나님 나타나심〕

1978년 봄에 캐롤린과 나는 빡빡한 겨울일정을 보내고 모처럼 며칠간의 휴식을 얻어 오래곤 해안으로 차를 몰고 갔다.(중략)나는 바

다 물결의 거침없는 공격을 견뎌 내며 굳건하게 서 있는 그 모습에 절로 감탄이 솟아났다. 멀리보이는 산 너머 태양이 고개를 내밀었다. 그 이상한 광채에 나는 숨이 멎은 듯 했다. 나는 큰소리로 외쳤다. 정말아름답습니다! 나는 그저 햇빛과 나무들 바다와 안개의 경이로움 속에 빠져 들어갈 뿐이었다. 그런데 음성이 들려왔다. 그것은 꾸미지 않은 솔직한 대답이었다.『내가 만들었단다』나는 영겁결에 불쑥 말했다. 주님 감사해요. 다시금 한 음성이 들려왔다.『천만에』(중략) 그 꼭대기에는 솔송나무와 가문비나무 및 개잎갈나무의 숲이 우거져 있었다. 특히 커다란 한 그루의 개잎갈나무의 모습은 경탄을 자아내기에 충분했다. (중략) 오른쪽에는 세 걸음 옮기자 그 큰나무에 가려서 보이지 않던 것이 눈에 들어왔다. 그것은 또 한그루의 개잎갈나무였는데 엄청나게 크기 했지만 썩어가고 있었다. 몇 군데 푸른 싹이 나긴 했지만 그것은 그 나무가 죽기 전에 돋아난 것이 분명했다.(중략)그때 내가 그 썩어 죽어가는 나무를 면밀히 살펴보고 있을 바로 그 때 주님의 음성이 들려왔다.『이것이 내 교회의 모습이란다』. 그 말을 듣는 순간 내 눈에는 눈물이 고였다. 일생동안 나는 교회에서 일해 왔고 나도 교회가 그렇다는 것을 알고 있었다. 비록 거대하고 약간의 생명력이 남아 있긴 하지만 교회는 썩어가고 있었다.(중략) 얼마 후 어떤 이유에서 그랬는지는 모르지만 나는 뒤로 돌아서서 멀리 있는 그 건초더미 바위를 바라보았다. 그땐 조수가 밀려들어와 그 바위는 온통 바닷물로 둘려 쌓여 있었다. 파도가 거세게 그 바위에 부딪치고 있었다. 하나님의 음성이 계속되었다.

『내 교회가 바로 저렇게 되어야 한다』

〔Richard J. Foster 미국 미시건 스프링아버(대)교수 저서 옮김〕

– 2002년 기적(奇跡/奇迹)

주님이 보여주시기를 큰 아이(준섭)와 친구들이 함께 열차를 타고 간다. 다른 친구들은 다 갔고 큰아이만 가는 도중에 하차했다. 가야 할 방향을 잡지 못해 허둥대고 있을 때 열차가 전복되는 사고가 났다.

큰 아이(준섭)가 탑승자들에게 별일 없느냐고 물었다. 한 여성이 큰 아이에게 다가와 두꺼운 책을 건너 주었다. 책을 왜 주느냐고 물었다.

그 여성은 나중에 네가 돌려줄 날이 있을 것이라고 말하고 사라졌다.

큰 아이는 두꺼운 책을 들고 조금 늦은 시간에 친구들이 이미 가서 모여 있는 곳으로 다가 갔다.(2002. 2. 3)

「이는 주님이 보여주신 것을 기록한 것이다. 2002년 당초 합격한 대학을 다른 대학(學科 變更)으로 변경하여 등록했다」

할렐루야.

〔★가라사니 /이육사 새로운 시 3편중 1편〕

『산』

바다가 수건을 날여(날려서) 부르고

난 단숨에 뛰여 달여서(달려서) 왔겠죠

천금같이 무거운 엄마의 사랑을

헛된 航圖에 역겨(엮어) 보낸 날

그래도 어진 태양과 밤이면 뭇별들이

발 아래 깃드려 오오

그나마 나라 나라(나라와 나라)를 흘러 다니는

뱃사람들 부르는 망향가

그야 창자를 끊으면 무얼하겠오

〔2002. 11. 22 이육사 유고작 애끓는 망향가 중앙일보 보도자료 옮김〕

– 2003년 너와 함께 있을 것이라.

네 평생에 너를 능히 대적할 자가 없으리니 내가 모세와 함께 있었던 것 같이 너와 함께 있을 것임이니라 내가 너를 떠나지 아니하며 버리지 아니하리니, 강하고 담대하라 너는 내가 그들의 조상에게 맹세하여 그들에게 주리라 한 땅을 이 백성에게 차지하게 하리라(수1:5-6)

저는 오늘 정들었던 서울시 공무원생활을 퇴직하고 (재)서울여성 직원으로 새출발하려 합니다. 지난 세월 공무원생활을 돌이켜 보면 때로 보람과 즐거움으로 때로는 부족함과 아쉬움으로 보내야 했습니다. 2001년 12월 27일 서울월드컵경기장을 준공하고 2002년 1월 25일 (재)서울여성에 파견근무를 명령 받아 1년 여를 앞만 보고 달려 왔습니다.

이제, 파견근무를 정리하고 재단직원으로 새 출발하는 나는 재단이 나를 위해 무엇을 해주기를 바라기 전에 내가 재단을 위해 할 것인지를 생각하면서 근무하려 합니다.

「자, 미국 국민 여러분, 조국이 여러분을 위해 무엇을 할 수 있을 것인지 묻지 말고, 여러분이 조국을 위해 무엇을 할 수 있는지 자문해 보십시오 "And so, my fellow Americans, ask not what your country can do for you-ask what you can do for your country."(미국 John. F. 케네디 대통령 연설문)」

저 홀로 이 세상을 헤쳐나 갈 능력이 없어, 내 안에 거대하고 위대한 분을 항상 모시고 갈 길을 물어보고 때론 채찍과 격려도 받으며 지금까지 살아왔고, 앞으로도 그렇게 살아갈 것입니다.(2003. 2. 5 서울시 공무원 퇴직)

할렐루야.

〔★ 가라사니/식사 10계명〕

• 아침을 먹어라

• 하루 3끼를 먹어라

• 천천히 먹어라

• 꼭꼭 씹어 먹어라

• 야채부터 먹어라

• 즐겁게 먹어라

• 골고루 먹어라

• 대화를 많이 하라(식사예의 벗어나지 않게)

• 접시에 아름다운 음식 그림을 그려보라(뷔페식)

• 5회 이상 음식을 가져오라(뷔페식)

– 2004년 여호와를 찾으라 그리하면 살리래(암5:6)

세종문화회관에 재단 대표와 함께 서울시 시무식에 참석했다. 재단에서 09:15분경에 출발하여 09시 50분 즈음에 세종문화회관에 도착했다. 10시부터 신년시무식이 시작되었다. 이명박 시장의 신년사를 듣고 있었다. 신년사를 듣는 중에 마음속으로 이명박 시장과 지난 고건 시장의 모습을 업무 스타일을 비교해 보고 싶은 생각이 들었다. 시무식이 종료되어 대표와 함께 재단으로 돌아왔다. 매년 시무식이 있는 날이면 직원들과 함께하는 점심식사를 함께 했다. 올해는 조류독감과 광우병이 있어 점심준비가 되어 있지 않았다. 점심으로 재단 시무식을 시작하려고 했는데 이렇게 될 수 아쉬운 출발이었다. 올해를 매끄럽게 출발하지 못했으니 열심히 기도해야 하는 한 해가 될 것 같다.(기도하는 한해)

〔★ 가라사니/건강 10계명〕

- 식사 조절하라
- 과음하지마라
- 금연하라
- 과식하지마라
- 비만을 줄여라
- 고혈압을 관리하라
- 당뇨를 관리하라
- 많이 웃어라
- 꾸준히 운동하라
- 적극적으로 살아라

– 2005년 시온의 영광이 새날로 이루어지는 해

새벽에 다급한 전화벨소리.

아빠, 이번 추석에 시골고향에 가시지 않았으면 좋을 것 같습니다. 하나님이 시골길에서 「아버지가 위험한 사고 상황이 닥칠 지도 모르는 모습」을 보여 주셨어요. 2005년 9월 12일 군대생활을 하는 큰애에게 전화가 왔다. 추석에 고향방문을 어떻게 해야 할지 두고 보기로 했다.

올 추석은 연휴기간이 짧아 어떻게 할까 망설이고 있었으나 시골에 홀로 계신 어머님을 생각하면 반드시 찾아뵈어야 되기는 하는데 어떻게 하랴?

명절이면 아들을 보고 싶어 하신 어머니의 선한 모습을 생각하니 한없이 마음이 아팠다. 어떻게 하다 보니 고향을 가지 못했다.

이번 추석은 연휴가 삼일 밖에 되지 않아 이틀은 사무실에서 일하고, 추석 당일은 파주에 있는 오산리 최자실금식기도원에 올라갔다.

이번 추석은 9월 17일, 18일, 19일로 연휴가 너무 짧아 자영업을 하시는 형님만 9월 16일 금요일에 고향에 내려갔다.

추석 연휴가 너무 짧기에 하루먼저 내려가고 하루 늦게 서울로 올라 올 계획으로 고향을 찾았다.

2005년 9월 20일 새벽 5시 30분경이다. 전화벨이 계속 울리고 있었다. 이 새벽에 무슨 전화가 올까? 혹시 새벽예배를 드리러 교회에 가자는 성도들의 전화 아닐까 생각했다. 그런데 전혀 알 수가 없는 낯선 남자의 목소리가 들렸다.

여보세요. 여보세요. 다급한 목소리였다. 이 새벽에 누구세요. 119

입니다. 아니, 119라니요. 여기는 공주소방서입니다. 예.

공주소방서에서 무슨 일 때문에 전화를 했어요?

형님이 교통사고가 났어요.

순간, 정신을 차릴 수 없었다. 이게 무슨 일이지. 잠시 정신을 차린 후 형님의 현재 상태는 알 수 없다는 이야기만 듣고 사고 위치로 출발했다. 직선도로인 천안 논산간 고속도로에서 사고가 났다는 애기는 큰 사고인 것으로 직감했다. 사고위치는 정안휴게소 근처인 것을 확인하고 사고 위치로 큰댁과 함께 내려갔다.

자동차를 운전하면서 많은 생각을 했다. 큰댁과 우리 가정은 주님이 함께 한 가정인데, 많고 많은 사람들 중 어떻게 형님이 이렇게 큰 사고를 당할 수 있을까? 도무지 이해가 되지 않았다. 또한 형수님은 기도를 많이 하기로 하면 비길 데가 없을 텐데. 어떤 성도가 그 만큼 기도를 많이 할까? 어떻게 이런 일이 큰댁에서 일어 날 수 있을까?

큰댁과 함께 내려가는 차 안에는 아무도 말이 없다. 고속도로를 한 시간 반 즘을 지나 수원을 지날 때에 전화벨이 울렸다. 가냘픈 목소리로 여보세요 아니 형님의 목소리였다. 아니 대형사고가 났는데 어떻게 직접 전화를 한단 말인가? 꿈인가 생시인가 했더니 분명히 형님 낮은 목소리였다. 괜찮으세요?

많은 말씀은 못하고 공주인터체인지를 통해 알려준 병원으로 갔다. 응급실에 누워있는 형님의 모습이 염려 했던 것보다 좋았다.

몸에 큰 부상은 있었지만 치료를 하면 될 것 같아 많은 위안이 되었다. 잠시 후 사고 자동차를 보기 위해 근처에 있는 자동차정비공업사를 찾았다. 승합자동차의 전면은 정비가 불가능할 정도로 완전히 전파되었고 운전석 내부는 각종 짐들이 뒤엉키어 있어 손을 쓸 수 없을 정도였다.

교통경찰과 형님의 사고 경위를 확인하고 많이 놀랐다. 사고는 천안 논산간의 직선고속도로에서 발생했다. 심야인 2시경에 구례를 출발하여 2시간반 정도 달려와 4시반경 여산휴게소에 도착했다. 아직은 먼동이 트이지 않는 시간으로 새벽운전을 계속해야 하는 상황이었다 한다. 여산휴게소에서 앞을 바라보니 안개가 자욱이 끼어 있어 시야를 확보하는 데 어려움이 예상되었다 한다. 형님은 짙은 안개로 인한 사고방지를 위해 여산휴게소에 음료수를 먹고 시간을 지체하여 출발하였고 낮은 속도로 운전했건 만 모든 것이 허사였다.

이번 사고를 통해 많은 것을 생각하게 했다. 사고가 발생할 수 밖에 없는 사고인가? 형님이 여산휴게소에서 지체하지 않고 출발하였다면 사고는 없었을까? 내가 형님과 동행하여 고향에 내려갔다면 어떻게 되었을까? 형님이 고향을 가시지 않았다면 그러한 일을 없었을까? 많은 것을 생각하게 하는 교통사고였다

– 2006년 성령님 열매가 주렁주렁 열리는 해

형제들아 너희 가운데서 성령과 지혜가 충만하여 칭찬 듣는 사람 일곱을 택하라

우리가 이일을 저희에게 맡기고 우리는 기도하는 것과 말씀 전하는 것을 전무하리라 하니, 온 무리가 이 말을 기뻐하여 믿음과 성령이 충만한 사람 스데반과 또 빌립과 브로고로와 니가노르와 디몬과 바메나와 유대교에 입교한 안디옥 사람 니골라를 택하여 사도들 앞에 세우니 사도들이 기도하고 그들에게 안수하니라 (행6:3-6)

동작중앙교회는 1985년 10월 9일 주님이 설립하신 교회이다. 올해 지표는 축복받는 교회·선교하는 교회·구제하는 교회·장학하는 교회·기도하는 교회·전도하는 교회·성장하는 교회이다.

기도제목은 출석교인 300명 이상 되게 하시며, 성전을 속히 봉헌하게 하시고, 전 성도의 영·육간에 강건함과 아울러 위험한 일 만나지 않게 하시고, 가정마다 십일조가 달마다 더하게 하시기를 기도한다. 이를 통해 믿음에 형제애로서 교제하여 자신과 가정과 교회 문이 활짝 열리도록 하며, 올해로 교회설립이 21년이란 세월이 흘렀다. 하루하루가 주님 사랑으로 인도하여 주신 은혜이다. 올해도 주님 믿고 의지하면서 한해를 살아갈 것이다.

〔★ 가라사니/성공적인 결혼을 위한 남편 8계명〕
• 당신이 성공적인 직장생활을 하듯이 가정생활에도 성실히 임하라
• 먼저 아내가 사람인지 잘 파악하라
• 가능한 많은 시간을 집에서 보내라

- 부부싸움은 피할 수 없다. 그러나 감정을 조절하라

- 아내의 말을 귀 기울여 들어라

- 아내를 최소한 직장에서 가장 중요한 고객에게 대하듯이 대하라

- 성생활의 진실에 대해 이해하라

- 그 다음에 당신이 누구이고 무엇을 하고 싶은지 말하라

〔스콧홀츠먼 교수, 행복한 기혼남 비밀, 워싱턴 포스트 보도
(2006. 1. 24)〕

- 2007년 살아계신 하나님 아버지를 믿고 의지하는 해

믿음이 없이는 하나님을 기쁘시게 하지 못하나니 하나님께 나아가는 자는 반드시 그가 계신 것과 또한 그가 자기를 찾는 자들에게 상 주시는 이심을 믿어야 할지니라(히16:6)

너희 앞날이 축복될지어다. 항상 행복할지어다. 사랑하는 나의 아들 종천아 나는 너를 사랑한다. 항상 너와 함께하여 앞날을 형통하게 하여 복된 나날이 되도록 보장할 것이다. 네가 무엇을 원하는 지 나 여호와는 알고 있으며 무엇을 해주는 것이 네가 기뻐할 것인지 알고 있다. 두려워말고 염려하지 말라. 네가 원하는 대로 모두 이루어 줄 것이다. 그리고 너의 앞날을 내가 이루어 준다고 말하지 않았느냐 사랑하는 나의 아들 종천아 사랑한다. 나의 기쁨이 되는 나의

아들아 항상 기뻐하며 항상 축복하며 살아가는 너의 모습을 보고 싶단다. 일어나라 빛이 되어라. 모든 것이 영광이 될 지어다. 사랑한다.(2007. 6. 29. 05시 04분)

〔★ 가라사니 /주자십회(朱子十悔)〕

- 효부모사후회(不孝父母死後悔) 불효하면 부모가 돌아가신 뒤에 후회하기마련이다

- 불친가족소후회(不親家族疎後悔) 가족끼리 친하지 않으면 멀어진 뒤에 후회한다.

- 소불근학노후회(少不勤學老後悔) 젊어서 부지런히 배우지 않으면 늙어서 후회한다.

- 안불사난패후회(安不思難敗後悔) 편안할 때 어려움을 생각하지 않으면 실패한뒤 후회한다.

- 부불검용빈후회(富不儉用貧後悔) 풍족할 때 검약하지 않으면 가난해진뒤 후회한다.

- 춘불경종추후회(春不耕種秋後悔) 봄에 밭을 갈아 씨뿌리지 않으면 가을에 후회한다

- 불치원장도후회(不治垣墻盜後悔) 당잠을 제때 손보지 않으면 도둑 든 뒤에 후회한다

- 색불근신병후회(色不謹愼病後悔) 여색을 삼가지 않으면 병든 뒤에 후회한다.

- 취중망언성후회(醉中妄言醒後悔) 술 취할 때 함부로 말은 하면 술깬 후회한다
- 부접빈객거후회(不接賓客去後悔) 손님을 제대로 대접하지 않으면 떠난 후에 후회한다.

– 2008년 하나님 기쁨 드리는 해(고난의 세월)

송구영신 예배(1. 1)를 드리고 집에 돌아왔다. 새벽 2시이다. 올해 하나님아버지께 기도드려 응답받고 싶은 것은 말씀드렸다. 하나님은 나의 아버지이시며 나의 삶 모든 것을 주관 계신 분이시니 올해도 신바람이 나는 한해가 되기를 기도했다(그러나 2008은 고난의 일년이었다).

〔★ 가라사니 / 희망이 곧 태양이다〕

태양은 또 다시 떠오른다. 태양이 저녁이 되면 석양이 물든 지평선으로 지지만, 아침이 되면 다시 떠오른다. 태양은 결코 이 세상을 어둠이 지배하도록 놔두지 않는다. 태양은 밝음을 주고 생명을 주고 따스함을 준다. 태양이 있는 한 절망하지 않아도 된다. 희망이 곧 태양이다. ―헤밍웨이

– 2009년 하나님의 택함을 받음이 인생 최고의 축복이다

하나님아버지를 경외합니다. 또한 미치도록 사랑합니다. 다시 한 번 다짐하고 다짐하건만 하나님으로 부터 택함 받지 못했다면 나는 어떻게 되었을까? 이 땅에 태어나 최고의 축복이고 행운이라면 하나님의 택함을 받음이라.(2009. 11. 8. 06시 45분 고백)

〔★ 가라사니 /잡념의 힘〕

몸이 약했던 프랑스의 수학자 데카르트(Descartes)는 군대 막사에 누워 바둑판 모양의 천장에 파리가 기어 다니는 것을 보고 좌표평면을 만들었다. 영국의 물리학자 뉴턴(Newton)은 과수원에 앉아 있다가 사과가 떨어지는 것을 보고 만유인력의 법칙을 발견했다.

그리스의 물리학자 아르키메데스(Archimedes)는 우연히 목욕탕에 들어갔다가 부력의 원리를 알아냈다. 이것이 바로 우연히 찾아온 발견의 순간 '유레카!(Eureka · 알았다!)'다. 지금까지는 '유레카'의 원인에 대해 밝혀낸 사람이 없었다. 때문에 몇몇은 '하늘이 내린 계시' 라고 말하기도 하고, 일부는 '지어낸 얘기' 라고 폄하하기도 했다. 사람들에게 퍼즐을 풀게 하고, 뇌 스캐너와 뇌파 움직임 감지 센서를 이용해 뇌의 움직임을 측정했다.

그 결과, 어떤 순간 뇌에서 특이한 감마파가 나오는 것을 발견했다. 전두엽에서 나오는 뇌파도 강해지는데 그 순간이 유레카라는 것이다. 유레카는 실험실 밖에서 더 잘 나타난다. 과학자들은 비밀의 열쇠가 '잡념과 공상' 이라고 말했다.

"잡념(wandering mind · 한 가지 주제에 얽매이지 않는 생각)이 많거나, 한 가지 생각에 집중하지 못할 때 우리의 뇌는 더욱 활동적이다. 복잡한 문제를 풀기 위해서는 그 문제에 대해 분석적으로 접근하는 것보다, 다양한 생각을 통해 뇌파를 다양한 패턴으로 활동하도록 만드는 것이 더 효과가 크다. 분석적으로 문제를 푸는 것과 통찰력으로 문제를 푸는 것은 서로 다른 메커니즘이다. 그래서 잡념과 공상의 힘에 주목한다. 우리는 깨어있는 시간 중 3분의 1을 '공상' 을 하면서 보내는데, 이때의 뇌의 활동은 우리가 생각하는 것보다 더욱 활동적이다.(조선일보 보도자료 옮김 2009.7)

– 2010년 겸손함이 근본이다

교만은 패망의 선봉이요 거만한 마음은 넘어짐의 앞잡이니라(잠16:18)

만복을 주신 하나님께는 무릎으로 말하며, 나를 성장시키신 어른에게는 고개를 숙여야 되는 데, 이 땅에 교만함을 본성으로 타고난 인간이기에 조그만 성취에도 우쭐하여 질책을 받았다.

신앙인은 타고난 인성을 버리고 내 안에 계신 주님의 본성인 날마다 죽노라 고백하는 삶이 되어야 했는데 부족함이 있었다.

2010년 9월 23일에, 가까운 친지 성도로부터 질책을 받았다. 교만은 패망 선봉인 권면의 말씀을 어떻게 해야 주님께 용서를 구할까? 감동에 은혜가 있었어라.

「교회 화장실을 청소하라」

사무엘이 가로되 여호와께서 번제와 다른 제사를 그 목소리 순종하는 것을 좋아 하심 같이 좋아 하시겠나니까 순종이 제사보다 낫고 듣는 것이 수양의 기름보다 나으니(사무엘상 15:22)

2010년 9월 25일(토) 9시 30분, 사무실에 출근하여 남아있는 업무를 처리 오후 3시까지 했다. 이어 소독제와 고무장갑을 준비해서 교회로 갔다.

남자화장실 소변기와 대변기 설치를 한 지, 오래되어 찌들은 때가 굳어 버렸다. 여름철에는 참 많이 악취가 난다.

이 악취를 제거할 때가 되었나 보다. 화장실 바닥타일과 소변기 내부에 남아있는 찌들은 냄새를 제거하기 위해 솔로 밀고 송곳으로 파내고 말끔히 찌든 때를 제거했다. 그리고 그곳에 소독약을 뿌려서 냄새를 제거하고 나니 아주 청결한 화장실이 되었다.

주님과 동행을 하며 살아가는 삶은 온유와 절제와 겸손함이 근본이어 늘 이를 거역하고 말씀에 온전히 서지 못한 죄스러움에 어찌할 바를 몰랐다. 살아계신 아버지 하나님의 말씀에 더욱더 겸손한 모습으로 살아갈 것이다.

〔★ 가라사니 /부정적인 상황으로 BMW를 얻다〕

20년 글렌 매킨타이어(Glen Mcintyre)는 캘리포니아의 경찰이었다. 음주차량이 그의 오토바이를 들이받아 사고를 당하면서 그는 휠체어를 타야 하는 장애인이 되었다. 지금 글랜은 장애를 비롯한 다양한 주제에 대해 강의하는 강사이자 교관이다. 그가 차를 사러 아내와 함께 BMW대리점에 갔을 때 일이다.

"내 아내는 대리점으로 들어가고 나는 휠체어를 밀고 들어갔다. 우리는 고객을 기다리며 빙 둘러서 있는 판매원들을 향해 갔다. 그들은 차례로 우리를 외면했다. 몇 사람은 심지어 다른데로 걸어가버리기까지 했다. 오매불망 고객을 기다리는 자동차 영업사원들로부터 우리부부는 완전히 무시당했다. 아무도 우리에게 도움을 주려하지 않았고 한 시간후에 우리는 그곳을 떠났다. 누구도 우리에게 차를 팔려고 들지 않았다.

글렌은 처음에 "좌절과 분노마져" 느꼈다. 그리고 얼마나 많은 영업사원들이 첫 인상만으로 사람을 판단하여 잠재적인 고객을 무시해왔을까? 하는 궁금증이 생겼다.

글렌이 설명하길, "이 나라에 5천4백만 명의 장애인이 있다. 그들의 직계가족을 포함하면 당신 앞에 1억2천5백만 명의 잠재적인 고객이 있을 것이다. 나는 이를 세상에서 가장 큰 아무도 손대지 않은 시장!"이라고 부르고 싶다. 나는 불평대신 해결책을 제시하기로 했다. 그는 몇 명의 판매상을 만났고 그들에게 장애인 응대법을 교육

하는 비디오 제작 아이디어를 팔았다. 글렌은 부정을 긍정으로 전환
시켰음은 물론 그의 서비스의 대가로 BMW를 받았다.

글렌이 좋아하는 말처럼 "언제나 방법은 있다!"

〔머리 좀 굴려보시죠(조엘 살츠먼) 옮김〕

5

그 크신 하나님의 사랑

■ (새벽예배 가는 길 50원이 이곳에)

21

새벽예배 가는 길에 50원이

참새 두 마리가 한 앗사리온에 팔리지 않느냐 그러나 너희 아버지께서 허락하지 아니하시면 그 하나도 땅에 떨어지지 아니하리라. 너희에게는 머리털까지 다 세신 바 되었나니 (마10:29-30)

오랜 만에 참으로 잘 잤다. 푹 잠을 잤다. 모닝콜이 울리고 있다. 먼동이 트는 4시 25분이다. 앞집에는 한 지붕에 1층 네 가정이 살아가고, 2층과 3층에 두 가정이 살고 있다. 도시생활이라 하지만 하루도 조용할 날이 없다. 텅 텅 대문 닫는 소리이며 계단을 오르고 내려오는 소리에 잠을 설친다.

많은 사람이 살아가는 도회지에 바람 잘 날 없다.

술에 젖어 돌아오는 저 아주머니는 깊은 밤인데도 아랑곳하지 않고 깊이 잠든 딸을 불러댄다. 지금이 새벽 2시인지 3시인지 모른가 보다. 세상 술에 젖어 있으니 이웃에 사는 사람들을 보지 못하고 있다. 오직 목소리만 크면 되나 보다. 이 밤이 새면 학교에 갈 딸에게 야단을 친다.

잠 못 이루는 이 밤을 어떻게 마무리해야 할까 한숨이 나온다. 아직 컴컴하다. 그래도 어젯밤에는 큰소리를 듣지 못하고 깊은 잠에 빠졌으니 감사한다. 어젯밤 10시 30경에 잠자리에 들었다. 때로는 자자 그리고 또 자자해도 잠을 이루지 못한다. 이리저리 뒤적이다 보면 깊은 잠을 자지 못하고 피곤한 하루를 보내기도 한다. 요사이는 단잠을 이루지 못한 나날이 계속되고 있다. 잠 못 이루는 밤에 나 홀로 세상 짐을 다 지고 간다.

나의 짐과 가정의 짐, 교회의 짐, 형제의 짐, 나라 짐을 등에 지고 머리에 이고 가슴에 앉고 낑낑대며 간다. 나의 부족함을 욕하고 남의 도움 없음을 한탄한다. 다 부질없는 일인 줄 알면서 그렇다. 오늘 아침은 몸도 가볍고 마음도 가볍다.

그러나 아내는 머리가 아프고 몸이 무겁다 한다. 새벽에 마음 약해 그래 나 혼자 교회에 다녀올게요. 2012년 5월 4일 일이다. 하나님은 마음 중심을 보신다고 했으니 외모는 중요하지 않아 마음으로 믿고 의에 이르자. 주섬주섬 바지와 웃옷을 입는다. 성경과 찬송을 책보 가방에 넣고 안경을 찾는다. 성경말씀 한 구절, 한 구절을 안경이 없으면 볼 수 없으니 세월의 덧없음을 새삼 느낀다.

가자, 가자 주님을 향하여 가자. 집 출입문 열쇠와 대문열쇠이며 교회 출입문열쇠를 찾으니 꾸러미에 달린 열쇠가 많기도 하다. 깜깜한 새벽녘 잠자리에 일어나 교회로 가는 길을 걸어서 갈까 차를 타고 갈까 망설이고 있다. 잠시 동안 생각하다 아내도 함께 가지 않는 교회 가는 길을 차를 가지고 갈 필요가 있을까 생각하다 걸어가기로 했다. 요사이 운동도 별로 못했는데 20분여 분정도 되는 길을 걸어가면 되지. 잠시 머뭇거리다 출발했다.

몸이 무겁다던 아내도 함께 동참한다. 간 소복과 운동화에 그래 오늘은 걷자. 얼마나 걸릴까. 한 이십분이면 가겠지. 집 계단을 한발 한발 더벅더벅 내려간다. 털컥 대문을 열고 닫아 길을 나선다.

새벽 아직도 밝기 전에 예수께서 일어나 나가 한적한 곳으로 가서 거기서 기도하시더니(막1:35)

새벽마다 골목을 손을 맞잡고 다정하게 걸어가는 저들은 교회에 예배를 드리러 가는가 보다. 지구대 앞에서 만나는 저들은 부부가 손을 맞잡고 가는 데 나는 앞서 가고 아내를 뒤를 따른다. 발걸음이 빠른 나는 발걸음을 맞출 수 없어 앞서간다. 지구대에 교대로 근무하는 경찰들은 새벽잠을 깨우러 문밖을 나와 기지개를 크게 켜본다. 머리만 보이는 지구대 내부는 새벽근무에 지쳐있는 것 같다. 경광등을 켜고 순찰차가 오고 가고 한시도 쉴 때가 없나 보다. 지구대에서 들려오는 지난밤의 소란스런 소리에 근무자의 피곤함을 읽을 수 있다.

공직자로서 경찰의 직업은 어려움이 많은 고난의 직업이 아닌가 생각해 본다. 지구대를 지나 미니슈퍼가 있는 곳을 지난다. 슈퍼 앞에 가득히 쌓여 있는 무우와 배추 그리고 바구니와 고무다라들이 여러 겹을 이루고 있다. 겹겹이 쌓여있는 바구니와 다라들이 슈퍼 아주머니의 고달픈 인생의 삶인 것 같다. 남편을 먼저 하늘나라 보내고 홀로 가정을 꿋꿋하게 이끌어가는 젊은 아주머니의 인생을 생각하니 마음이 아프다. 슈퍼를 지날 때 마다 참으로 부지런한 그의 모습에서 감동이 되곤 했다. 무와 배추를 쉴 사이 없이 다듬어 김치를 담그고 이를 판매하여 자녀들을 가르치는 그의 아름다운 모습에 박수를 보내고 싶다. 한 걸음, 한 걸음 교회를 향해 간다.

아직 이른 새벽길이라 많은 사람들을 만날 수 없다. 구불구불한 골목길에 여기저기 무질서하게 주차해 놓은 자동차들을 바라보니 걱정이 앞선다. 긴급상황도 있을 수 있는데 이렇게 주차를 하면 어떻게 하나 푸념도 하면서 해결할 방안은 없을까 생각도 해본다.

2002년 한일월드컵 경기를 위한 서울월드컵경기장 건설에 참고하기 위해 일본 월드컵경기장 건설현장을 방문할 기회가 있었다. 작년에 지진과 쓰나미로 엄청난 재앙이 있었던 센다이 지방을 가 보았다. 그곳은 평상시에도 지진이 많아 마을 입구마다 주차장이 마련되어 있었다. 지진이 발생하면 문제가 되기에 마을 안으로 자동차를 가지고 갈수 없다. 마을을 방문하는 자는 반드시 마을입구에 있는 주차장에 주차해 놓고 들어가야 한다.

아내와 함께 새벽예배 시간을 맞추기 위해 향해 발걸음을 재촉한다. 골목에 있는 허름한 목욕탕을 지나 고시텔 앞을 지나고 있다. 이른 새벽 시간인데 두 젊은이가 담배를 태우고 있다. 이른 새벽 이 시간에 무슨 근심과 걱정이 그리도 많아 뿌연 담배연기를 품어 대는 저들의 안타까운 현실을 생각하면 가슴이 담담하다.

요사이 젊은이들의 취업난이 너무 심해 노력하지 않으면 아무것도 이룰 수 없으니 어떻게 하겠는가 최선을 다 해야지. 고시텔을 지나 세차장 앞에 다다랐다. 출입을 제한하기 위한 경계선을 쳐 놓았다. 내부에는 몇 대의 자동차가 있다. 세차장에 있는 자동차를 바라보고 보도를 향해 가고 있었다. 돈이 있다.

「돈이 있다」

밤늦도록 많은 사람들이 다니는 이 세차장 앞 보도에 무슨 돈이 떨어져 있지. 혹시 만원지폐라도 한 장이 떨어져 있을까 주변을 한참을 둘러보아도 보이지 않는다.

아내에게 돈이 있다고 하자, 어디에 있느냐는 것이다. 나도 몰라. 돈이 있다니 알 수가 없네. 세차장 내부도 보고 보도 블럭의 이곳저곳을 둘러보아도 보이지 않는다.

길거리에 떨어져 있는 종이를 모두 주어 보았으나 돈은 아니다. 잠시 후 무엇인가 반짝인다. 보도 블럭과 차도를 경계로 설치해 놓은 철제 시설물아래에서 무엇인가 반짝인다. 손을 집어넣어서 꺼내보니 돈이었다. 가로등이 졸고 있는 컴컴한 새벽이라 얼마인지를 확인할 수 없었다. 분명한 것은 돈이었다.

참으로 감사했다. 이 새벽에 돈을 주웠다니 금액의 크기가 중요한 것이 아니라 감동으로 인해 돈을 주었으니 말이다. 보도 블럭 위를 걸어가면서 감사했다. 집에서 교회로 출발하기 전 자동차를 가지고 갈까, 아니면 걸어서 갈까를 한참 고민하고 나 홀로 갈까 아니면 아내와 함께 갈까 망설였던 것을 생각하니 더욱 감사했다.

가로등이 어두운 보도 블럭 위를 걸어가면서 도무지 금액이 얼마인지 보이지 않았다. 동전 위에 새겨진 무늬를 만지면서 가다보니 동작복지재단앞을 지나면서 환한 불빛으로 50원짜리 동전임을 확인했다. 그런데 50원짜리 동전이 길거리에 떨어져 있으면 주워서 가지고 있을런지 의문이다.

그러나 새벽예배를 드리러 가는 중에 감동에 의해 주었다고 생각하니 너무 귀한 동전이었다. 계속해서 아내와 나란히 걸어가면서 흥겨운 시간을 콧노래 찬송을 했다. 삼성아파트 앞을 지나고 있을 때 어떤 아주머니가 캐리백에 물건을 실어 놓고 이집 저집에 배달하는 것을 보았다.

조그만 체구에 나이가 지긋한 아주머니의 모습을 보는 순간 내 마음이 편하지 않아 50원을 줄까도 생각해 보았지만, 혹시 그분 마음을 상하게 할까 염려되어 지나쳤다. 동전을 주머니 속에 넣고 혹시 잊어버릴까 염려되어 만지면서 가다보니 성덕교회 앞에 다다랐다. 성덕교회는 정문이 열려 있는 것으로 보아 새벽예배를 준비하는 것 같았다.

예배시간에 맞추기 위해 서둘러야 할 것 같아 발걸음을 재촉한다. 이곳을 지날 때면 참으로 가슴 아픈 추억이 있다. 해는 석양에 저서 어두운데 연세가 지긋한 할머니가 횡단보도 가장자리 빗물받이에 앉아 폐박스와 폐지 몇 장을 정리하고 있었다. 할머니를 보는 순간 마음이 너무 아파 그냥 지나칠 수 없었다. 차창으로 비치는 할머니 얼굴에 주름이 가득하고 폐지 몇 장 주어서 고물상에 가서 팔아 본들 몇 푼이나 되겠는가 생각하니 마음이 너무 아팠다.

뒤를 따르는 자동차는 계속해서 빨리 가라고 신호를 주지만 그냥 갈 수 없었다. 길거리에 자동차를 세우고 만원을 드리면서 오늘은 따뜻한 국물이 있는 저녁이라도 하시고, 집으로 가시라고 했던 기억이 있다. 잠시 그 기억을 더듬으며 그곳을 지나간다.

이 새벽에 그 할머니가 그 자리에 앉아 계신다면 50원을 드려도 될 것 같은 데 안 계시니 아쉬운 생각이 든다. 고달픈 인생길을 살아가는 그 할머니를 그리며 마음으로 기도한다. 그러나 이 새벽에 세상 재미에 흠뻑 취해 저들은 누구인가. 이 시간에 잠을 자고 날이 새면 일터에 가 일을 해야 하여야 할 사람들이 거리에서 부질없이 방황하고 있다. 환경미화원은 이른 새벽잠을 깨워 차가 달리고 있는 도로와 보도 블럭을 쓸고 있다.

아직 먼동이 트기 전 도로에 달리는 자동차를 뒤로 하고 사람들이 버린 양심의 흔적들을 지우고 있다. 그들이 가지고 가야할 양심을 버린 휴지조각과 담배꽁초이며 폐병들이 나 뒹굴고 있다. 대도시에 살아가는 모든 사람들이 가지고 가야할 양심은 버리지 말며 도로를 달리고 있는 양심은 지킬 것 지키며 간다면 아름답고 안전한 세상이 되지 않을까 생각해 본다.

한 걸음 한 걸음 교회로 다가가 골목길에 들어섰다. 접어드는 골목길 김밥 집에 이른 아침 일터로 향하는 허름한 옷차림을 한 우리이웃들이 앉아 있다. 혹시 있을지 모를 일자리를 찾아 새벽부터 서두르고 있나 보다. 다닥다닥 붙어 있는 다양한 구멍가게 문들이 굳게 닫혀 있다. 예배시간이 자꾸 다가온다. 빨리 가야 한다. 긴 언덕길을 올라가야 한다.

새벽이슬을 맞으며 무거운 발걸음을 옮긴다. 언덕 위 교회 앞에 다다랐다. 한 계단 한 계단을 올라 성전 주님 앞에 앉았다. 예배를 드린다.

주님이 주신 50원을 어떻게 할까? 새벽예배는 헌금시간이 없는데 헌금을 드릴 수도 없고 집으로 가지고 오기도 그렇고 어떻게 하나. 성전 좌석 탁자위에 두고 오면 누군가 치우지 않을까. 놓고 내려가자.

『오늘의 기도』

살아계신 하나님아버지

새벽을 깨우시어 하나님의 전으로 나아가게 하심을 감사합니다. 싱그러운 신록의 계절인 5월에 믿음으로 굳건히 설 수 있도록 인도하여 주심을 감사합니다. 그러나 죄는 여전히 무성하고 세상 향락의 팽배함 속에 위기의 날들이 계속되고 있습니다. 하나님아버지 기도하오니 우리들의 매일 매일 삶이 예수님 닮은 실천하는 삶이 되게 하시고 각자의 성공보다 과정에서 함께 하시는 주 하나님을 바라보게 하소서. 이 시대를 살아가는 사람으로 주님이 인도하신 바른 길 가게 하소서 예수님의 거룩하신 이름으로 기도드립니다. 아멘.

섬진강 금빛모래밭에 물장구치고 자동차놀이 하던 그때가 그립다

어릴 때 섬진강에는 맑고 밝은 푸른 강물 위에 나룻배 띄워놓고 한번 한번 한가로이 노를 젓는 뱃사공이 있었다. 찬란하게 빛나던 금빛 모래밭에 친구들과 둘러 앉아 자동차놀이를 하던 지난날의 추억이 있다. 한 올, 한 올 자동차를 갖고자 하는 꿈을 마음에 담아 아로 새기어 왔다. 80년도의 어느 날이었다. 직장에 자동차를 구입하는 직원이 있었다. 자동차를 갖고자 하는 욕망은 누구에게나 있겠지만 구청에 자가용 승용차를 갖고 있는 유일한 직원이 과(課)에 함께 근무하고 있었다.

22

⋮

예비해 놓은 소나타 승용차

자동차 운전을 너무 하고 싶어 과에서 관리하는 관용 순찰차를 이용하여 조금씩 조금씩 배워 면허는 없었지만 운전을 할 수는 있었다.

그런데 직원이 갖고 있는 포니 차를 운전해 보고 싶었지만 너무 귀한 자동차를 함부로 만질 수도 없었다. 포니 차는 현대자동차가 이탈리아 디자이너 쥬지아로에게 스타일링을 맡기고, 엔진은 일본의 미쓰비시의 것을 사용하여 한국형 승용차로 개발했다. 그렇게 해서 76년 2월 국산 자동차시대를 열었다. 한국 사람 취향과 체격에 맞고 국내 도로사정에 맞는 경제형 차인데다가 내구성이 좋아 국민들로부터 인기를 많았다. 자동차를 이용하는 사람들이 늘어나고 나 또한 87년도부터 자동차관련 업무를 하고 있었지만 여건이 갖추어지지 않아 자동차를 갖지 못했다.

사회의 환경변화로 주변여건이 바뀌면서 자동차를 갖고 싶은 욕구가 계속 있었지만 여러 가지 제약이 있어 갖지 못했다. 언제나 입버릇처럼 나는 자동차를 구입하면 소나타를 승용차를 구입할 것이라는 생각을 갖고 있었다. 이미 자동차관련 업무를 많이 수행해 와서 그런 면도 있지만 자동차의 외관이 마음이 들었다.

당시에, 집에서는 그 해 년도의 주요한 기도제목을 4-5개를 정해 놓고 기도했다. 우리 가족은 기도할 때마다 아버지께 간구 드려 이루어 주시기를 소원한다. 이를 기도제목을 프린트하여 눈에 잘 보이는 냉장고와 거실 출입구에 붙여 놓고 기도한다. 가족은 누구나 보는 대로 묵상하도록 했다. 1996년부터 자동차를 구입하기 위해 기도제목에 포함하고 하나님께 간구 드렸다.

「하나님 우리에게도 자동차를 주십시오. 그동안 마음에 소망으로 한없이 새겨왔던 차종 소나타를 주시고 아름다운 외관을 가진 그러한 자동차를 주세요. 주님, 아들과 딸이 탈 것이오니 자동차 외관이 예쁘게 보이기도 해야 되지만 무엇보다 안전한 자동차를 주시기 원합니다. 이젠 주님이 귀한 아들과 딸이 살아가는 가정에게도 자동차가 필요합니다. 자동차를 주시되 소나타 승용차를 주십시오!」

1996년부터 매년 제목을 정해 놓고 기도를 계속하고 있었다. 5년 이상 긴 세월동안 기도는 지속되고 있었지만 자동차가 올 가능성은 보이지 않았다. 그러던 차에 근무처를 시청 월드컵건설단에서 재단법인 서울여성으로 파견발령을 받게 되었다. 96년부터 서울시신청사를 건립하기 위한 기획단이 발족과 함께 그곳에서 근무하게 되었고 신청사 건립이 지연됨으로 인해 2002년 한일월드컵경기 주경기장을 건설하기 위한 조직으로 개편되면서 건설단조직원으로 근무하게 되었다.

1998년부터 시작된 서울월드컵경기장 건설은 2001년 12월 27일에 성공적인 마무리함께 전혀 경험이 없는 새로운 곳으로 파견근무 신청을 해서 집 인근에 있는 곳으로 재단법인 서울여성으로 근무지를 옮겼다. 2002년은 전 국민들이 한일월드컵개최에 따른 기대에

한껏 부풀어 있을 때였다. 국민들이 월드컵에 대한 큰 기대를 하고 있을 때를 맞추어 신(新)모델 자동차를 발표했다. 회사의 마케팅에 대한 전술이 그대로 맞아 떨어져 신차의 선풍적인 인기자동차로 新 Model인 EF소나타가 되었다.

96년부터 5년 이상 자동차의 외관이 예쁘고 안전한 자동차를 기도드렸는데 거기에 부합한 자동차로 보였다. 신차종이 EF소나타자동차로 아름다운 외관선형과 다양한 색상으로 구비되어 있어 마음에 들었다. 우리에게는 하나님이 예비해 주신 자동차인데 인기차종이라 구입신청이 폭주하여 몇 달씩 기다려야 신차를 인수받을 수 있었다.

평생에 처음 우리 가정도 신차를 구입한다는 설렘으로 가득한 나날이었다. 아무 매장에서나 구입신청하면 되겠지만 그래도 아는 사람을 통해 구입하면 자동차도 꼼꼼히 체크할 수 있고 다소의 금전적인 혜택도 볼 수 있을까하여 교회 성도에게 소개를 부탁했다. 구입신청의 폭주로 인해 몇 개월씩 차량인도를 기다리고 있어야 했다. 차량구입신청서에 분명히 **자동차 외관색상을 검정색으로 기록하여 신청제출**하고 검정색에 맞는 자동차금액을 정해 계약했다. 검정색은 관용차 대부분의 검정색으로 차량이 다소 중후한 감이 있고 탑승자로 하여금 안정감을 주는 것으로 인식하고 있었기에 색상을 검정색으로 정해 신청했다. 자동차를 구입신청한 지 한 달 정도 경과된 시점인 2003년 3월 6일(목) 아침식사 시간이었다.

큰 애 준섭이가 부른다.

그래. 그 보여주신 것을 주님일기에 기록하고 열매를 바라보자. 하나님의 사랑의 열매가 어떻게 열리는 지를 바라보고 기다리자. 자동차 외관 색상은 차를 타고 다니는 동안 지속적으로 관리하고 바라보아야 하는 것으로 중요하며, 외관이 어떤 색상인지에 따라 내부 탑승자가 여성인지 남성인지 또는 차종에 따라 다소 다를 수 있지만 탑승자의 지위를 대충 파악할 수 있는 것인데 기다려 볼 수밖에 없었다. 그러한 가족들 대화가 있은 후 몇 개월이 흘렀다. 당시 월드컵 열기의 무르익고 EF소나타자동차 신모델 인기가 너무 좋아 몇 개월씩 기다려야 자동차를 인수할 수 있었다.

몇 개월이 훌쩍 지나 무더운 여름 7월이 왔다. 우리 가족은 자동차를 인수받을 날을 기다리고 있었다.

『이 예언의 말씀을 읽는 자와 듣는 자들과 그 가운데 기록한 것을 지키는 자들이 복이 있나니 때가 가까움이라(계1:3)』

드디어 자동차를 인수인계하기로 한 날이 다가왔다. 2003년 7월 26일 토요일 오전이었다. 그런데 약속한 시간이 지나도록 자동차는 도착하지 않고 건물 5층에 있는 사무실에서 1층 앞마당에 도착하는 자동차를 내려다보고 있었다. 한 시간이 너무 길게만 느껴져 업무에 열중하고 있는 데 잠시 후, 전화벨이 울렸다. 자동차가 1층 앞마당에 도착했다는 것이다. 1층 앞 마당에 정차해 있는 **EF소나타승용차는 흰색이 확실**했다.

급히 건물 5층에 있는 사무실에서 1층으로 내려 가보니 흰색이 틀림없는 우리 차가 도착해 있다. 마음으로 한없이 기뻤다. 그러나 내색을 하지 못하고 있었다. 자동차 구입 신청을 검정색으로 분명히 했는데 외관색상을 검정색에서 흰색으로 변경 해 버린 자동차를 어떻게 설명할 수 있을까? 강남구 학동지점에 근무하는 지덕영 차장이 야속한 것이 아니라, 부족하고 허물 많고 죄악 많은 아들이 사용할 자동차까지도 주님이 직접 골라 주신다고 생각하니 한없이 기쁘고 감사했다.

자동차의 색상을 검정색으로 신청했는데 어떻게 되어 외관색상을 임의대로 변경하였는지 궁금했다. 먼저 참으로 죄송하다고 했다. 학동지점에서는 본사에 검정색 자동차를 배정하도록 신청했는데 그 과정에서 무엇이 잘못되어 그렇게 됐다고 했다. 그러면 지금이라도 자동차를 바꾸어 가져 오면 안 되는지 물었다. 그렇게는 안 된다는 것이다. 다양한 이유를 가지고 말했지만 모든 것이 감사했다.

진주색으로 변경함에 따른 색상비용 8만원을 더 지급하고 자동차를 인수받았다. 하나님은 이 세상 만물의 주관자이시며 아들의 삶 자체를 이끌어 가시는 만왕에 왕이시기에 오직 감사하고 감사했다. 자동차 검정 색상이 좋은 것을 판단해 검정색으로 신청을 했으나 사용해 보니 훨씬 관리가 쉽고 야간주행시 자동차의 식별이 가능하고 거의 9년 여 동안 사용하면서 어디를 가든 하나님이 주시는 자동차라는 자부심과 감사함이 있어 너무 좋다.

사실 장기간 차량을 사용했음에도 경미한 고장과 사고도 없었기에 더욱더 감사드리고 앞으로도 항상 함께 하시어 어디를 가든지 위험한 곳 만날 때 피할 길 열어 주실 하나님께 매일 감사드리며 사용하고 있다.

할렐루야.

EF소나타승용차 2003년 7월 등록

▌우리네 이웃 아름다운 사람들이 살아가는 좋은 세상

23

4호선 지하철의 두 여성(女性)

기도하여 가로되 여호와여 원컨대 저의 눈을 열어서 보게 하옵소서 하니 여호와께서 그 사환의 눈을 여시매 저가 보니 불말과 불병거가 산에 가득하여 엘리사를 둘렀더라. 아람 사람이 엘리사에게 내려오매 엘리사가 여호와께 기도하여 가로되 원컨대 저 무리의 눈을 어둡게 하옵소서 하매 엘리사의 말대로 그 눈을 어둡게 하신지라. 엘리사가 저희에게 이르되 '이는 그 길이 아니요 이는 그 성도 아니니 나를 따라 오라 내가 너희를 인도하여 너희의 찾는 사람에게로 나아가리라' 하고 저희를 인도하여 사마리아에 이르니라. 사마리아에 들어갈 때에 엘리사가 가로되 '여호와여 이 무리의 눈을 열어서 보게 하옵소서' 하니 여호와께서 저희의 눈을 여시매 저희가 보니 자기가 사마리아 가운데 있더라(왕하 6:17-20)

지난밤을 이런 생각 저런 생각으로 가득한 밤을 보내다 보니 몸은 지쳐있고 정신은 몽롱하다. 밤이 새도록 뒤척이는 나 때문에 잠 못 이룬 아내는 새벽 깊은 잠에 빠져있나 보다. 잠 못 이루어 초췌해진 얼굴과 무거운 발걸음으로 회사로 간다. 내게 무엇이든지 해 주시고 하실 수 있는 분, 아무것도 염려하지 말라고 하시며 내가 모든 것을 책임지신다고 약속하신 그분이 계시는데 무엇을 염려하는가! 이제는, 보다 가벼운 마음으로 세상을 바라보자. 모든 것을 맡기고 살자. 삶이 나를 속일지라도 좋다. 이 날이 가면 또 새날이 온다. 오는 날이 찬란하지 않아도 좋다.

발걸음을 재촉한다.

야 – 타. 빨리 – 타.

지하철에 몸을 실고 일터로 간다.

이 땅에 살아가는 이웃들이 젊고, 늙고, 예쁘고, 밉고, 크고, 작고, 뚱뚱하고, 날씬하며, 길고, 짧고, 둥글고, 길쭉한 사람들이 많기도 하다. 저들은 어디로 가고 있는가? 지하철을 타고 또 타고, 내리고 또 내린다.

용산역에서 남영역으로 서울역에 다다랐다. 오늘은 누구를 만나고 또 만날까? 헤아릴 수 없이 많은 사람들이 이 비좁은 계단을 한단 한단을 올라간다. 이리 갈까 저리 갈까 두리번거린다. 이리가면 나아가는 길이요 저리가면 4호선으로 갈아타는 길이다. 발걸음을 재촉한다. 하루 일을 시작하는 희망찬 아침이다.

「만나는 모든 이들이여 삶에 희망을 갖자. 시련 없는 성취는 없다고 했으니 참고 견디자. 꿈꾸는 자들이여! 삶이 그대를 속이고 어둠이 그대에게 캄캄함을 가릴 지라도 슬퍼하거나 노하지 마라. 우리네 인생길이 험하고 어려워도 한 고비 지나면 소망이 있으니 무엇을 염려하고 무엇을 걱정하느냐」

지하철을 4호선이다. 지하철의 문이 열리고 열차에 몸을 실었다.

오늘 아침 출근 시간에 인파로 붐비는 차량인데도 비어 있는 좌석에 아무도 앉지 않는다.

잠시 머뭇거리다가 좌석에 앉았다. 출발한 후 1분여 지났을 때 일이다. 많은 사람들이 붐비는 열차 안이라 바라보는 시선을 어디에 둘만한 곳도 없고 해서 고개를 숙이고 상념에 잠겨있었다. 이 때라.

주님의 음성이 있었다. 할렐루야.

「고개를 들어 앞을 보라」

좌석에 앉아 있는 내 앞에는 아주 젊고 날씬하고 예쁜 두 명의 여성이 서 있었다. 무슨 애기를 그리도 다정하게 하는지 알 수가 없다. 하지만 너무 친한 친구사이인 것처럼 보인다.

그들은 잠시 처다 보고 있는 사이에 또 주님 음성은 계속되었다.

『내면을 보라』

그 때 거기 서서 있는 두 여성이 무슨 말을 하고 있는 지와 내면에 무엇을 생각을 하고 있는 지가 너무 생생하게 보였다.

꼭 거울을 들고 얼굴을 바라보는 것처럼 내면 하나 하나를 정확하게 볼 수 있었다. 어떻게 이런 일이 너무 당황했다.

그들 내면을 어떻게 볼 수 있단 말인가?

그 순간에 처음 체험을 해 보는 일이라 신기하기도 했다.

그런데 상황을 그 누구에게도 말할 수 없어 마음으로 감사하며 그냥 앉아 있었다.

어떻게 지하철 안에서 저 여성들의 내면을 볼 수 있을까?

감히 주님을 향해 기도를 해본 일도 없고 예상치 못한 주님의 은혜이다.

그런데 그 여성들의 아름다운 외면적인 아름다운 모습과 달리 내면의 모습은 너무 달랐다.

그들이 보이는 외적인 모습과 지금 보이는 내면 세계 모습은 너무 너무 다른 모습이다. 모든 것이 영상자료의 한막 한막 비디오처럼 생생하게 내 마음 속에 그려지고 있었다.

한막 한막이 넘어 갈 때 마다 그들의 정결(淨潔)하지 못한 삶의 영상자료가 머리에 그려지고 있다. 자료가 넘어갈 때 마다 참으로 지

저분하다. 그 시간이 얼마나 흘렀는지 알 수 없었으나 한 순간(瞬間)이었던 것 같은 데 그 시간은 어안이 벙벙했다.

다소 멍한 모습으로 사무실이 있는 동대문운동장역에서 내렸다.

누가 현숙한 여인을 찾아 얻겠느냐 그 값은 진주보다 다 하나라"(잠31:10)덕행 있는 여자 많으나 그대는 여러 여자보다 뛰어 난다 하느니라. 고운 것 도 거짓되고 아름다운 것 도 헛되나 오직 여호와를 경외하는 여자는 칭찬을 받을 것이라 (잠 31:29-30)

당시에 구입한 배호 Tape

하늘이여 들으라 땅이여 귀를 기울이라 여호와께
서 말씀하시기를 내가 자식을 양육하였거늘 그들
이 나를 거역하였도다. 소는 그 임자를 알고 나귀
는 그 주인의 구유를 알건마는 이스라엘은 알지
못하고 나의 백성은 깨닫지 못하는도다 하셨도다.
슬프다 범죄한 나라요 허물 진 백성이요 행악의
종자요 행위가 부패한 자식이로다 그들이 여호와
를 버리며 이스라엘의 거룩하신 이를 만홀히 여겨
멀리하고 물러갔도다(사1:2-4)

24

세상의 재미에 취해(1)

본래 나도 죄인이로되 예수를 구주로 믿어

죄 사함을 받아 거듭났고, 죄로 인해 죽었

던 나는 성령님이 내안에 계시면서 성령의

성품으로 변화되었다.

그러나 죄성(罪性)이 내 안에 그대로 남아 있었다. 우리가 예수를 믿는다고 나의 죄성이 변하는 것이 아닌 것 같다. 성령님의 생각을 하는 새 사람, 새 육신의 생각을 좇는 옛사람이 공존하고 있는 것 같다. 참으로 죄송스럽고 송구스럽다.

하나님의 은혜를 벌써 잊고 있으니 말이다.
「은혜는 모래에 적고 원한은 돌 판에 새긴다」 라는 속담이 있다.
하나님 은혜 받은 것은 이렇게 쉽게 잊어버리고 산다는 것이 죄스럽고 송구스럽다.

비둘기에게는 삼지지예(三枝之禮)가 있고 까마귀에는 반포지효(飯哺之孝)라는 중국의 속담이 있다. 비둘기는 나뭇가지에 앉을 때 어미새보다 3단(段) 아래가지에 앉아 예의를 다한 다고 한다. 까마귀는 어미 까마귀에게 먹이를 물어다 먹여 공양한다는 뜻이다.

땅의 모든 짐승과 공중의 모든 새도 생명이 있어 기는 모든 것을 우리에게 주시고 생육하고 번성하여 땅에 충만하라, 정복하라"고 말씀하셨는데 말이다. 하물며 미물인 새들조차 은혜를 입은 어미 새에게 예의(禮儀)를 다하는 데, 이 땅에 생육하고 번성하여 땅을 정복하라는 인간이 이보다 못할 수 있으랴?

예수님이 나의 죄를 구원하시기 위해 십자가에 올라가 고통을 당하시고 구원의 은총을 저버리고 세상재미와 음악에 취해 있었으니!

아아 통재라.

구원의 은총을 베풀어 주신 세월이 2년여 짧은 기간 인데 벌써 잊었단 말인가?

1991년 6월 9일에 주님이 보여 주신 것이다.

『시골 어느 공동묘지이다. 군데군데 돌이 많이 쌓여 무덤이 되었다. 그 돌 무덤에서 음악소리가 계속해서 울리고 있었다.』

푸른 산언덕에 있는 묘지에 가까이 다가가서 보니 돌 무덤속이 쌓여 있다. 그 공동묘지에 있는 돌로 만든 묘에서 계속해서 음악소리가 흘러나오고 있었다. 돌 무덤에서 무슨 음악소리가 날까 한참을 둘러보았다.

이상하다, 이상하다, 무슨 내용일까?

서울시체육시설관리사업소에 근무하고 있었던 1991년 6월 8일 토요일에 근무를 마치고 퇴근길이었다.

그때, 나는 세상 노래 중에 배호를 많이 좋아 했다. 갑자기 배호의 노래를 듣고 싶어 애창곡 8곡이 수록된 테이프를 구입했다. 그가 부른 노래를 갑자기 듣고 싶다. 그날따라 누구에게 이끌린 것처럼 레

코드가게를 지나다 들어가 테이프 한 장을 구입했다.

예수님을 영접하기 전까지 만 해도 참으로 많이 그의 음악에 매료되어 많이 들었다. 다시 말하면 매혹적인 음색과 호소력으로 심금을 울려주는 그의 노래를 참 많이 좋아했다. '안개 낀 장충단공원', '누가 울어', '돌아가는 삼각지', '마지막 잎새' 등 참으로 세상 재미에 취해 있을 때 많이 좋아하며 불렀고 들었던 노래들이다.

당시에, 남성과 여성 팬은 물론 모두가 좋아했던 불세출 가수, 매혹적인 음색과 저음 짙은 호소력 심금을 울렸던 배호였다. 그를 좋아하는 수많이 팬들이 있었 던 것 같다. 그러나 그는 숱한 인기와 여운을 남기고 신장병으로 1971년 10월 20일, 29살 나이로 낙엽 속으로 떠나 버렸다.

이런 세상을 그리워하는 와중에도 주님은 나와 함께 하고 계셨다.

죄 중에 헤매며 다녔지만 날 버리지 않으시고, 내가 가는 길, 주께서 늘 동행하고 계셨다. 나에게는 아직도 세상에 노래를 좋아하고 즐겨 듣는 나의 마음과 모습을 알고 계셨던 것이다. 이를 통해 언제 어디로 가는지 주님이 함께하고 계심을 믿고 의지하면서 온유하고 절제된 삼을 살아야 할 것이다.

나를 구원하여 주신 주님, 그 사랑을 너무 쉽게 잊어버리고 살아가고 있다. 하나님이 나를 멸망에서 구원하시기 위해 독생자를 이 땅에 보내 주셨는데 그 중요한 사실을 잊어 버렸다. 잠시 언제나 깨어 있어야 되는 데 말이다. 방심하면 잊어버리고 세상에 취해 살고 돌아서 후회하면서 살아가고 있으니 안타깝다.

이 땅에 오신 예수님은 우리를 위해 십자가에 달리셔서 물과 피를 다 쏟으시는 고통을 나 때문에 당하셨는데 말이다. 이 끝없는 사랑과 은혜로 거듭나는 은총을 받았으니 감사하다. 이를 통해 성령으로 충만함을 받게 되었으며 영혼의 고침을 받고 저주에서 해방되었다.

그리해서 언젠가 영원한 천국에 들어가서 살 수 있는 경이로운 은총도 받게 되었다. 그 크 신을 은혜를 어찌 말로 다 형용할 수 있으리까?

당시 음성이 있었던 건물 앞 노상 현재 모습

25

세상의 재미에 취해(2)

복 있는 사람은 악인들의 꾀를 따르지 아니하며 죄인들의 길에 서지 아니하며 오만한 자들의 자리에 앉지 아니하고(시1:1)

죄악 많은 이 세상에 살아가는 사람으로 하나님이 말씀하신 복 있는 사람은 누구일까? 한없이 죄송스럽고 송구스럽다. 때로는 악인의 꾀를 좇고 때로는 죄인의 길에 들어서고 때로는 오만한 자리에 앉고 있으니 나는 복 있는 사람이 아니다.

본래 나는 죄인이로되 예수를 구주로 믿어 죄 사함을 받아 거듭났는데도 세상 재미에 취해 악인의 꾀를 좇고 죄인의 길에 서고 오만한 자리에 있으니 이 어찌 통탄하지 않으리요! 아직도 죄성(罪性)이 내 안에 그대로 남아 있으니 어떻게 하랴!

원수 된 옛 사람을 벗어 버리고, 주님의 뜻대로 살아가야 되는 데, 때로는 악인의 꾀를 좇는 사람이 되었다. 주님이 주신 은혜를 저버리고 세상 재미에 취해 육체의 소욕만을 추구하며 살아가는 사람이 되었다. 그때가 지나면 후회할 일을 하고 또 하는 모순된 행동을 할 때가 많았다.

1993년 4월 8일이었다. 서울시 총무과에 근무할 때 일이다. 어느 기관 이든 비슷하리라 생각되지만 특히 총무과는 참으로 많은 일을 하는 것 같다. 당시에는 서울시와 구청을 총괄하는 주무과 역할을 하고 있었기 때문에 시(市)에서 이루어지는 중요한 일 뿐만 아니라 구(區)청에서 일어나는 중요한 일까지도 챙겨야 하는 부서였다.

스물네시간에 서울시내에서 일어나는 일들은 참으로 많기 때문에 하루도 조용한 날이 없었다. 아침에 출근해서 저녁에 퇴근하는 시간까지 분주하게 돌아가는 일과였다.

참으로 열심히 일했던 것 같다. 하루하루가 전쟁이었다. 직원들은 이른 아침 6:50분에 출근해서 시장 단이 출근하기 전에 집무실을 완벽하게 점검해야 한다. 간부진들이 오늘 하루를 근무하는 데 지장이 없도록 집무실과 비서실과 주요 회의실을 모두를 점검 보완해야 한다. 겨울철에는 난방을 여름철에는 냉방설비를 유의하여 점검해야한다.

부서에 따라 다소 다르긴 하겠지만 아침에 보고할 자료도 꼼꼼히 챙겨 시장 단이 출근하면 즉시 보고를 해야 했다. 밤사이에 서울시내에서 일어난 주요사안은 물론이고 5만 명이 넘은 공직가족들의 각종사항까지 총괄해서 정리하여 보고해야 했다.

총무과는 연말연시는 물론이고 주요행사를 준비할 때는 밤을 새는 일이 많았다. 연말에는 종무식과 연초에는 시무식 준비를 해야 하고 매월 있는 시 전직원 조회 준비와 같은 것을 총무과에서 준비해야 하는 일들이었다. 시장이 임명이 있을 때마다 있는 취임식 준비는 총무과 60여명을 전체 인력을 투입하고도 부족할 정도 행사에 준비할 것들이 많았다.

초청인사를 목록을 만들고 초청장을 만들어 밤이 새도록 붙이고 발송해야 하고 당일날 행사참석여부를 유선으로 확인해야 하는 것들이 모두 인력을 투입해야 하는 것들 이었다.

아무튼 총무과는 시장을 보좌하는 비서실이 있는 하지만, 시장단 비서업무 뿐 만 아니라 시의 다른 과에 속하지 않는 부수적인 업무까지 해야 하는 부서로 보람과 긍지를 가질 때도 있고 때로는 어려움을 겪을 때도 있었다. 시 청사를 보다 잘 운영 관리하여 직원들이 업무하는 동안 쾌적하고 편안한 환경에서 근무하게 함으로서 업무

를 효과적으로 추진하여 서울시민에게 보다 많은 서비스를 제공할
수 있도록 했다.

또한 시설의 영속성을 확대하기 위해 개·수선을 할 때마다 예산
집행을 효율적으로 추진하여 절감을 기하고 시민이 낸 세금을 최대
한 아껴 쓰는데 최선을 다했다.

그래서 매일매일 반복되는 일상으로 새벽에 출근하여 밤늦게 집으
로 돌아오는 나날의 삶 이었다. 사실 총무과에 근무하는 동안 일년
동안 쉬는 날이 며칠이나 되었는지 별로 기억이 없다. 모두가 가는
여름휴가도 최대한 줄이고 토요일과 일요일은 거의 매일 출근하여
아마도 쉬는 날이 손으로 꼽을 정도였을 것이다.

그래서 큰 녀석 작은 녀석 어린 아들은 엄마 아빠 언제 오느냐고
묻는다고 했다. 밤늦게 들어와 애들이 일어나기 전에 출근하기 때문
에 얼굴을 별로 볼 수가 없어서 그런 애기 했을 것이다. 당시 거의
일년 365일 매일 지속되는 업무에 지쳐 있을 때에는 회사도 이 정도
일을 할까 생각해 볼때도 있었다. 그러니 토요일 일요일 매일 출근
하는 것이 일상되었다.

그러나 지난 그 시절에는 참으로 후회 없이 신나게 일했다. 돌이켜
보면 현대 감각에 맞지 않을 수도 있지만 우리는 상사의 말 한마디
가 떨어지면 반드시 지켜야 했고, 상사와 함께 기쁨도 함께하며 고
통도 함께 하는 그 때의 공직자의 추억이다.

그 때의 우리 조직은 계통의 지시에 의해 하나하나 일을 헤아려 행해야 되고 하루를 긴장된 가운데 업무를 추진해야 했다. 그래서 동료 직원들과 함께 하는 세상적인 재미를 취하기가 쉽지 않았다. 뭉치는 날에는 확실히 뭉친다. 서로 뭉치자는 것이 의견이 일치되면 일사분란하게 뭉친다. 그래서 그날도 확실히 뭉쳤다.

저녁 식사시간이 다소 늦은 아홉시 즈음 동작구청 옆 동해횟집을 찾았다.

몸과 마음이 지쳐 있고 허기짐과 배고픔이 동시에 어우러져서 먹고 마시는 시간이 가졌다. 그날도 죄 중에 헤매며 다녔지만 날 버리지 않으심을 믿나이다.

내가 사망에 음침한 골짜기로 다닐지라도 해를 두려워하지 않는 것은 주께서 나와 함께 하심이라. 주의 지팡이와 막대기가 나를 안위하시나이다(시 23:4)

좋은 분위기속에 저녁식사를 즐거웁게 하고 두 번째 장소로 옮겨서 직원들과 함께 노래를 부르고 있었다. 그 때였다. 누구의 소리 인지 알 수는 없지만, 아주 크고 당당한 목소리가 들렸다. 아주 짧고 간결하고 강한 음성이다.

「시끄럽다」

누가 와서 이 자리를 와서 그렇게 큰 음성으로 나무라는 것일까? 도무지 알 수 없었다. 주변을 살펴도 아무도 없다. 함께 왔던 많은 직원들은 알지 못했다. 누구도 그 음성을 들은 사람은 없었다.

오직 내 귀에만 들리는 소리였다.

다음 날 아침 평상시 다름없이 새벽6시에 출근을 준비해서 사무실로 간다. 어제는 늦은 시간에 집에 돌아와 잠이 들었기 때문에 몹시 피곤했다.

이윽고 날이 밝아 아침이 되니 후회 막심했다. 「나는 너를 애굽 땅, 종 되었던 집에서 인도하여 낸 너의 하나님 여호와 로라(출20:2)」주님 은혜를 쉽게 잊어버리고 살아가는 삶을 한 없이 후회하고 반성했다. 은혜를 받았으면 최선을 다해 그 은혜를 보답하려고 노력하는 것이 인간들의 기본이고 도리인데 이 어찌하다 그런 모습을 보였단 말인가?

가슴을 친다.

왜, 왜!

무거운 몸을 이끌고 집을 나선다. 아내에게 다녀 올게. 아내는 대답이 없다. 동작전화국 정문 앞을 지나 터덕 터덕 지나간다. 다가가다 보니 지금은 CTS방송국 인근인 덕산약국 앞을 지나고 있었다. 이른 아침시간이라 사람은 많지 않았지만 수산시장에 다녀오는 사람과 새벽을 준비하는 몇몇 사람이 같이 길을 걸어가고 있었다.

그때였다. 주님의 음성이다.

『너 너무 힘들지?

너 힘들지 않아?』

두 번에 걸쳐 있으신 음성이다.

"예. 아버지 힘듭니다. 한 없이 송구하고 죄송합니다. 다시는 주님께 죄송스럽고 송구스러운 모습을 보이지 않겠습니다."

마음으로 다짐하고 걸어간다. 주님은 언제 어디서나 동행 하고 계심을 알았다. 삶속에서 주님 떠나가시면 내 생명이 헛되니, 주 함께 계시면 큰 시험을 이길 수 있도록 쉬지 말고 기도해야 하겠다고 다짐했다. 주님이 택 한자의 선한 모습을 갖도록 최선을 다할 것을 다짐하는 귀한 시간이 되었다.

세상은 모든 것이 다 변하지만 하나님은 영원부터 영원까지 변하지 아니하시는 분이시고 거룩하신 분이시니 앞으로는 이 세상을 살아가면서 죄 짓지 않고 거룩한 사람으로 살아가기 위해 끊임없는 노력을 다해야 하겠다고 다시 한 번 다짐했다.

「오늘의 기도」

주님 오늘도 동행하여 주심을 감사드립니다. 저에게 세상적인 교만과 관습을 쫓아 행하지 않게 하시고, 주님의 택함을 받은 자답게 생각하고 행동하게 하시고, 진리 안에 거하도록 인도하여 주옵소서. 하나님의 뜻을 온전히 알아 어리석은 자 같이 살지 않도록 지혜의 영을 주셔서 일상의 삶속에 분별할 수 있는 능력을 더하여 주옵소서. 하나님의 말씀을 통해 더욱 더 겸손하고 온유하게 하시어,
교만하며 이기적이고 물질과 타협하는 세상적인 삶을 버리게 하시고 오직 하나님께 영광을 돌릴 수 있는 삶을 살아갈 수 있도록 도와 주옵소서. 예수님의 거룩하신 이름으로 기도드립니다. 아멘

『가라사니/베푸는 삶의 행복(계자씨)』

기다리는 아들이 태어났다. 그날밤 신비한 노인 나타나 산모에게 『이 아이를 위해 한가지 소원을 말해 보라』고 했다

산모는 『누구에게나 사랑받는 아이가 되게 해달라』고 빌었다.

아이는 자라면서 모든 사람들로부터 사랑받기만 했으며 정작 어른이 되자 주위의 지나친 사랑으로 자신만을 지키는 『정신적인 미숙아』로 머물렀다. 그때 다시 노인이 나타나 『성장한 아들』에게 만족하느냐고 물었다. 그는 비로서 『사랑을 받기 보다는 남에게 베풀줄 아는 사람이 되게 해달라』고 말했다. 헤르만헤세의 어거스터스라는 단편 베푸는 삶이 더 행복하다(옮김)

6

내 평생에 가는 길

26

상암동
대변혁을
예고하다

『온갖 무질서하고 불량한 주택들이 있다. 군데 군데 빈 공간 땅이 있고 조그만 교회들이 난립되어 있다. 또한 주변은 온갖 쓰레기로 덮여 있다. 상암이 지금은 많이 낙후 되어 있지만 나중에 큰 변화가 있으리라.』

1991년 10월 22일 화요일 주님이 보여주신 것이다. 서울시에는 500여개의 동(洞)이 있는 데 상암동이 어느 구(區)에 위치해 있는 것일까?

서울시 공무원으로 13년을 근무했는데 한 번도 들어보지 못한 동명을 말씀하시니 도무지 어느 곳인지 알 수가 없었다. 분명한 것은 지금까지 이렇게 구체적으로 도시주변을 영상으로 보여주신 일은 없었다.

서울에 그렇게 낙후된 지역도 본 일이 없었거니와 주변에 쓰레기며 불량주택들이 아주 어지럽게 널려 있어 과연 서울에 이런 곳이 있을까 의문이 들 정도였다. 주님이 보여주셨으니 서울에 분명이 있을 것인데 어느 구에 위치해 있는 동(洞사) 일까를 생각해도 떠오르지 않는다.

혹시 강동구 암사동이 상암동이 아닌가. 언젠가 암사동을 가 보았는데 아파트도 많고 어제 보여주신 것처럼 낙후된 곳을 아닌 것 같은 데 이상하다. 말씀에 궁금함을 가지고 사무실이 있는 삼성동으로 가는 직행버스(영등포↔천호동) 33번을 탔다. 출근하는 동안 머리에는 계속해서 상암동이란 세단어가 머리에 오르내리고 있다. 종합운동장 앞에서 내려 길을 건너 야구경기장 관객석 하단에 있는 사무실로 갔다.

꿈속에 보여주신 것이 너무 궁금해 옆에 있는 관리과 직원들에게 물어보기로 했다. 여러 직원들에게 물어 보았으나 생소한 동으로 아는 사람이 없었다. 한참을 지난 후에 복도에서 체육시설관리사업소로 발령받기 전(前) 마포구청에 근무했던 권경호(현:서초구청)로부터 상암동에 대하여 설명을 들었다. 또한 상암동에 대해 주요한 연혁과 주변 환경에 대한 사항들을 들을 수 있었다.

서울시에서 버려진 각종 쓰레기를 모아 운반하여 쌓아놓은 곳이 상암동이란다. 사실 13년 전 동대문구에 공무원 첫 발령을 받아 청소과에 근무할 때에 몇 번에 걸쳐 난지도에 가보았는데 그 곳이 상암동인 줄은 몰랐다. 그 곳에 업무 때문에 출장할 때에 보면 쓰레기 산더미처럼 쌓여 있었다. 쓰레기 더미에서 무엇인가를 주워 내고 있는 사람들의 모습을 보면서 안타까운 생각을 많이 했다.

서울에 저렇게 열악한 환경에 살아가는 사람들도 있구나 한탄하며 지나온 곳이었는데 그곳 이름이 상암동이구나. 가슴 아픈 동이었지만 10년이 지난 일이라 기억이 가물가물하다. 이제 위치는 알았으니 돌아오는 토요일이나 일요일 적당한 시간에 가 보기로 했다.

10월 27(일) 오전예배를 드리고 집에 돌아와 아내와 함께 마포구 상암동으로 갔다. 서울에서 꽤 오랫동안 살아 왔지만 이렇게 낙후된 곳은 본 일이 없었다. 한 번도 들어보지 못한 상암동의 모습은 서울에 이러한 곳이 있는가, 의문을 가질 정도로 주변이 낙후되어 있었다.

시골 어느 마을처럼 대부분 낡은 단층 기와주택으로 일부는 허물어져 폐허가 된 곳도 있고 주변을 둘러보니 군데군데 쓰레기가 쌓여 있었다. 이곳저곳을 둘러보며 어떻게 하나님이 그렇게도 생생한 모습으로 보여 주셨을까 많은 의문을 가졌다. 상암동에 있는 주변에 있는 산언덕도 아내와 함께 올라가 보고 한참 동안을 돌아다니다가 5번 종점에서 버스를 타고 집으로 돌아왔다.

무엇 때문에 하나님이 그곳을 보여 주셨을까 집에 와서 많은 것을 생각했다. 주님의 깊은 뜻을 알 수는 없었지만 참으로 감사했다. 하나님이 그곳을 보여주실 때는 물질 축복을 주시기 위해 그런 것이 아닐까? 주님의 계획이 있으시니 그곳을 보여주신 것이 아닐까 많은 생각하면서 하루하루를 보냈다.

그곳으로 이사를 가야 되나? 여러 생각을 하며 다시 한 번 그곳에 가 보기로 했다. 5번 버스 종점 차고지 인근 좌측 언덕에 폐허 처럼 된 집이 있었다. 70평정도 되는 토지(대지)였는데 우리가 이사를 해서 살기에는 기와집 건물이 낡아서 어려움이 있을 것 같고 주변 환경 또한 표현할 수 없이 열악했다. 토지 가격도 대지 한 평에 270만원정도(대방동 420만원/평)를 주어야 한다는 부동산중계인의 안내도 있에 마음에 갈등이 많았다. 차일피일 시간만이 흘러 보내고 있었다.

하나님이 보여주신 것은 분명히 계획이 있으실 터인데 말씀에 순종도 못해 참으로 죄송스럽고 아쉽다. 난지도 쓰레기처리장은 1978년부터 1993년 2월까지 15년동안 서울시에서 발생하는 모든 쓰레기를 매립 처리하는 곳 이었다.

하지만 난지도는 예전에는 난 꽃과 영지가 자라던 향기롭고 성 서러운 섬으로, 섬의 이름은 오리가 물에 떠 있는 모습과 비슷하다 하여 오리섬 또는 압도(鴨島)라고 했다.

옛 선조들은 나라의 정사(政事)가 어느 쪽으로 기울지 않고 고르게 베풀어지면 난지가 자라고 있음을 보고, 바른 정사가 이루어지고 있음을 알았다고 한다. 1997년 10월 서울시에서 2002년 한일월드컵 경기장 건설을 위하여 서울시 월드컵건설단 조직구성을 할 때 우연인지 필연인지 알 수는 없지만 조직에 참여하게 되었다.

공교롭게도 하나님이 말씀하신지 정확하게 6년여 지난 시점에 상암동 종합개발을 위하여 참여하게 된 것이다. 벌써 하나님은 이미 개발계획을 하고 계셨던 것이다. 속히 될 일을 알고 계신 다는 것이다. 세상에 운행되는 인류의 모든 역사가 하나님의 계획아래 운행되고 있음을 마음속 깊이 새기고 있다. 한일 월드컵경기를 유치하는 것이며 말도 많았던 경기장 건설이며 모든 것이 주님이 주관하고 계신 것이다. 할렐루야.

상암동 주변은 서울의 서북부에 위치해 있어 21세기 부도심을 담당하고 남북통일을 대비한 요충이다. 이곳은 남쪽은 한강이 위치하고 있으며 쓰레기동산이 하늘공원과 노을공원인 생태공원으로 조화를 이루고 있어, 관광지로서 충분히 활용되고 있다. 북쪽으로 서울의 4개 분산 역중 하나인 수색역과 월드컵경기장이 조화를 이룰 수 있으며, 향후 북쪽으로 갈수 있는 고속전철사업, 영종도 신공항 철도사업이 연계하여 무한한 발전가능성이 있다고 한다.

월드컵경기장은 연과 연 날리는 풍경을 상징적인 의미를 꿈을 담아 설계했다고 했다. 세계인의 축제의 한마당으로서 경기장은 모든 이의 관심과 사랑을 담아 더 높은 곳으로 띄워 보낸다는 의미, 희망·성원·소망을 담았다 한다.

또한 경기장 스탠드 위로 사뿐히 솟아오른 지붕은 전통연의 모습이 추상화된 것으로 경기장의 열광과 발전을 향한 꿈을 하늘로 띄워 보낸다는 것을 의미한다는 것이다(서울월드컵경기장 건설지 일부 옮김) 이로 인해 2002년 한일월드컵을 성공적으로 개최하였으며, 우리나라는 축구역사에 길이 남을 4강 신화도 이루었다.

하나님의 계획에 따라 무한으로 변화와 발전가능성이 있을 상암동의 모습들을 1991년에 이미 보여주셨다. 이를 통해 전지전능하신 주님의 귀한 사랑을 온 누리에 전할 수 있도록 이끌어 주신데 대해 한 없는 감사와 영광을 돌린다.

할렐루야.

상암동의 현재

27

남해고속도로 교통사고 비보를

내 아버지께서 모든 것을 내게 주셨으니 아버지 외에는 아들을 아는 자가 없고 아들과 또 아들의 소원대로 계시를 받는 자 외에는 아버지를 아는 자가 없느니라(마11:27) 또 그가 내게 말하기를 이 말을 신실하고 참된지라 주 곧 선지자들의 영의 하나님이 그의 종들에게 결코 속히 될 일을 보이시려고 그의 천사를 보내셨다.(계22:6)

아아 통재라

인간이란 무엇일까?

우리가 이 세상에 태어나 현재를 살아가고 있는 것이나, 도래하는 미래에 살아가야 할 삶을 도무지 예측을 할 수 없으니!

우리네 인생은 무엇인가?

무엇 때문에 이 고난과 역경을 견디어 가면서 살아야 되는 것인지? 도무지 해답을 구할 수가 없다.

고모집 작은형은 어려서부터 가정에 어려운 형편 때문에 일찍 객지로 나갔다. 지금보다 나은 미래의 삶을 위해 그렇게도 많은 수고를 하더니 이젠 세상을 달리했구나. 참으로 가슴이 아프다.

서울과 광주, 부산으로 전국에 이곳저곳을 찾아다니며 그다지도 열심히 노력하더니 이제 이 땅에서는 볼 수 없는 다른 세상으로 떠났다.

주님과 함께 하지 않는 성공은 해변 모래위에 쌓아올린 성(城)과 같고, 어려움이 있어도 주님과 함께하면서 반석위에 든든히 쌓아올린 성을 흔들림이 없다고 언젠가 말씀으로 은혜를 받은 것이 깊이 새겨지는 하루다.

이 안타까운 소식을 어떻게 하랴? 아직도 젊어 해야 일이 많으실 터인데 말이다.

이 슬픔과 비통함을 어떻게 하랴? 그러나 이 세상에 흐름인데 우린들 어찌하겠는가? 막내 고모집의 작은 형이 세상을 비명에 떠났으니 말이다. 아버지 형제들은 한결 같이 좋으신 분들이셨는데 왜 자식들을 하늘나라로 먼저 보내야 하는 지 생각하니 마음이 아프다.

아버지 형제들은 3남 3녀로 육남매이다.

육남매 중 막내인 작은아버지는 6.25전쟁에 국군으로 참전하여 강원도 고성전투에서 전사하셨다. 고모님 세분이 계시는데 아버지의 큰 누님 한분과 동생 두 분이 계셨다.

막내 동생 분(고모님)은 우리시골 고향집에서 6km정도 떨어진 곳(압록마을)에 살고 계셨다. 고모님은 삼남매를 두셨는데 두 아들과 딸이 하나가 있었다. 아들 중 큰 아들은 수원에 살고 작은 아들은 광주에 살고 있었다.

광주에 살고 있는 둘째 아들이 고속버스기사로 상당히 오랫동안 일하고 있었다고 들었다. 사실 그 형과 만난 지가 너무 오래되어 얼굴도 정확하게 기억이 나지 않는다.

사촌 형제라 해도 형과 나는 서로 객지에서 주로 생활을 하다 보니 너무 오래 동안 만나지 못했다.

사실 그 형에 대한 거의 기억이 없어 혹시 길거리에서 만난다 해도 서로를 알아 볼 수 있을지 의문이 든다. 아마 15년 훨씬 이전에나 만났는지 그것마저 기억이 가물가물하다.

아무튼 그 형은 광주고속버스 회사에서 아주 숙련된 운전기사로 열심히 일도 하고 가정도 행복하게 잘 이끌어가고 있다는 소식은 오래전에 전해 들었다.

사실, 서울에서 바쁘게 생활하다 보면 아버지 형제분들을 별로 생각해 볼 기회가 없다. 혹시 집안에 애경사나 있으면 그 장소에서 잠시 만날 경우가 있을 수도 있었지만 그 것마저 없었기에 몇 년에 걸쳐서는 그 형에 대한 소식도 듣지 못했다.

그런데 1990년 9월9일 주일 새벽미명에 생각해보지도 않았고 알 수도 없던 모습이 보였다. 원래 고모님 댁은 전라선 압록역 마을의 다소 경사진 뒤편 언덕에 위치해 있었다. 그런데 새벽미명에 보이는데 고모님 댁에 많은 사람들로 분주하다.

『고모님집으로 검은양복을 입은 많은 사람들이 급하게 가고 있다』

이게 무슨 내용일까? 고모님 댁을 가본지도 15년도 넘었고 형들과도 전화 통화를 한지도 얼마나 되었는지 기억도 없는 데 무슨 일일까 참으로 걱정이 되었다. 혹시 고모님이 별세를 하시는 것일까? 염려는 많이 되었지만 정확히 무슨 말씀일지 알 수 없어 무심코 하루해를 넘기고 있었다.

9월 9일이 주일이라 교회에 가서 오전예배와 오후예배를 드리고 돌아 와서 집에서 쉬었다. 혹시 아직 젊으신 고모님이 돌아가시나 그렇게 생각하기도 싫었다.

꿈으로 주신 내용을 가지고 시골에 전화를 해볼 수 도 없고 뜬금없이 안부전화를 하는 것도 이상해 하루해를 넘겼다. 고모님은 고모부님이 일찍 세상을 떠나 홀로 두 아들과 딸 한명을 두고 세상을 힘들게 살아가고 있었다.

그런데 당일(9월 9일)날 밤 9시 KBS TV뉴스를 통해 비보를 보게 되었다. 고모집의 작은 형이 광주고속버스를 운전하고 광주에서 부산으로 가는 중에 남해고속도로에서 대형사고가 발생하여 운전자가 사망했다는 것이다. TV방송을 통해 참으로 비통하고 안타까운 소식을 들으면서 어떻게 말로 표현할 수 있을지 한동안 멍하니 앉아 있었다.

이 일을 어떻게 해야 하나 도무지 방안이 서지 않았다. 잠 못 드는 밤이 되어 어떻게 조치할 방안도 없고 연락을 할 수도 없었다. 이 슬픈 소식을 접하고 보니 말씀에 내용을 정확히 알았더라면 전화라도 해서 막을 수 있지 않았을까 후회가 되고 한없는 죄책감도 들었다.

그냥 하루를 넘겼지만 마음이 너무너무 아팠다. 그로부터 며칠이 지난 후에 수원병점에 살고 있는 고모님 큰형님이 전화가 왔다. 고속버스를 운전하는 영길이 형이 세상을 떠났다는 말을 전하면서 울먹이고 있다.

위로도 하지 못해 한없이 죄송스럽고 송구스러웠다. 어떻게 되어 그렇게 된 것인지 물었다. 당일 사고가 발생한 고속버스는 고모집 형이 운전할 차가 아니었다고 한다.

영길이 형은 사고버스 다음차를 운전해야 하는 배차시간표 인데 사고버스를 운전해야 하는 다른 동료가 갑자기 일이 생겨 사고버스를 운전하게 되었다 한다. 영길이 형이 그 운전자를 대신하여 사고버스를 운전하여 부산으로 가는 도중에 남해고속도로에서 발생한 사고였다. 참으로 안타까운 일이 발생했다. 그 고속버스를 운전을 하지 않았더라도 사고를 피할 수 있을 텐데 이미 지나버린 안타까운 소식이었다.

사실 나는 이미 주님 말씀에 의해 9월 9일 KBS 9시 뉴스를 통해 사고 내용을 알고 있었지만 말할 수도 없는 안타까운 소식에 냉가슴만 앓고 있었다. 인간 생명은 하늘로부터 정해 있는 것을 다시 한 번 깨달을 수 있었다. 또한 인명은 재천(在天)이라는 것을 새삼 느끼게 하는 시간이었다. 우리네 인생은 어떻게 전개될지 아무도 몰라 항상 깨어 있어 쉬지 말고 기도해야 할 것이다.

28

산정호수
200048번

우리가 종일 하나님으로 자랑하였나이다 우리가
하나님의 이름을 영영히 감사하리이다(시 44:8)

「기나긴 겨울 밤에 함박눈으로 수북이
덮어 놓았네
따스한 햇살이 산정에 비쳐 오면 봄이
멀지 않다고 했지
세찬 눈보라에 그리도 잘 견디어
나뭇가지 잎사귀에 한잎 두잎 새싹이
돋아나면
산정호수에 봄이 온다고 했지.
물꽃 봉우리 살랑살랑 넘실거린 봄날에
우리함께 춤을 추며 놀아 보자」

끝없는 함성소리와 파도타기 응원의 열기가 가시지 않은 잠실야구장은 언제나 모두들 좋아 하겠지만 일요일 마다 교대로 근무해야 하는 직원들에게는 별로 반갑지 않는 시간들이었다. 잠실운동장에 근무하는 직원들은 올림픽경기장, 잠실실내체육관, 올림픽수영장, 잠실야구장을 관리하고 있다.

경기가 있는 날에는 직원들이 근무를 하여야 하기 때문에 토요일 오후시간과 일요일은 직원들이 교대로 근무조를 편성하여 운영하고 있었다. 프로 야구 경기는 토요일과 일요일은 관중이 더 많이 오기에 특별히 많은 직원들이 근무대기를 한다.

운동장에 근무하는 직원들은 토요일과 일요일을 별로 좋아하지 않는다.

많은 사람들이 프로야구를 즐기기 위해 입장권을 구입하여 즐기려 하지만 운동장에 근무하는 직원들은 때로는 지겨운 시간을 보내기도 한다. 물론 운동장에 근무하는 직원이니 당연히 근무를 해야 하지만...

1992년 2월 16일 일요일에 과(課)내 전기계에서 주관이 되어 외부기관과 함께 포천 산정호수 산행을 계획해 놓고 참석하라고 한다. 과내 모든 직원들이 일요일 행사에 참석하기를 꺼려하는 눈치가 역력하다. 나 또한 참석하고 싶지 않았다.

사실, 경기 시즌이 시작되는 4월부터 11월까지는 계속된 경기일정으로 토요일과 일요일에도 한달에 1회 정도 근무일정이 잡히기 때문에 일요일에 예배를 드려야 하는 신앙인에게는 매우 어려움이 많다. 때로는 일요일 근무로 인해 직원들 간에 갈등을 생겨 오래 동안 마음에 짐을 지고 근무하기도 한다.

2월16일도 일요일이어서 직원 서로가 참석하기 꺼려해 부득이 계별로 직원안배를 해서 우리 계에는 계주임인 내가 참석할 수 밖에 없었다. 일요일 아침이다. 참석하기는 싫었지만 이미 참석하기로 약속을 했으니 어떻게 하겠는가? 참석할 수밖에 없었다

당일 새벽미명에 주님이 보여주시는 것이라.

『시골의 넓은 밭에 눈이 조금 내려 있다. 밭이랑에 음향기기가 설치되어 있었다. 그곳에서 음악이 흘러나오고 밭에 쌓아 놓은 땅콩을 많이 주었다』

직원들 거의가 행사에 참석하기를 싫어했고, 나 또한 별로 관심이 없었기 에 당일의 프로그램을 전혀 관심이 없었으며, 아침 종합운동장 정문 앞에서 9시에 출발한 다는 것만 알고 있었다. 종합운동장 앞에는 등산복을 입을 많은 사람들과 몇 대인지 셀 수 없는 많은 관광버스들이 운동장 정문에 대기하고 있었다. 종합운동장 기계설비에서 사용하는 각종 자재를 꼼꼼하고 치밀하게 운영하며 마음씨도 고운 윤영민 씨와 함께 참석했다.

10 대 이상 되는 고려관광버스에 많은 사람들이 다양한 등산복을

입고 운동장 앞에 서성이고 있으니 흡사 가을산에 울긋 불긋한 단풍이 들어 있는 것 같았다. 겨울 날씨라 다소 쌀쌀했지만 아주 추운날씨는 아니어서 등산하기에는 좋은 날씨처럼 보였다. 단체로 가는 관광여행이라 프로그램 안내가 있었는데 일정에 대한 안내가 있는 데 등산을 하고 나서 경품추첨도 있다 한다.

회비는 만원 밖에 안 되는 데 점심도 주고 경품추첨도 있다하니 그런대로 재미가 있을 것 같았다. 이젠 관광버스를 탔으니 관광으로 하루를 보내야 하지 않겠는가? 세상 재미에 너무 취하지 않게 하고 신앙인으로서 크게 벗어나면 안 될 것이 아닌가? 두 시간 반 이상 시간이 소요되어 산정호수의 인근에 도착했다.

온산과 들에 눈이 하얗게 내려 있었다. 처음 호수주변을 하는 산행이라 정확한 위치는 알 수는 없지만, 주차장 주변에 있는 밭에 흰 눈이 소북이 쌓여 있는 곳에 앰프시설을 설치하여 잔잔한 음악으로 행사장임을 알리고 있었다. 많은 눈이 내리지 않았기 때문에 산행에는 크게 어려움이 없을 것이라고 안내자가 했다.

산행과 점심을 한 다음 오후에 3시 30분경에 경품을 추첨을 한다는 것이다. 윤영민 씨와 함께 호수 주변 하나님이 창조하신 산(山) 설경을 보고 잔잔한 호수 주변을 거닐면서 여유로운 시간을 보내고 경품추첨이 시간이 다 되어 오전에 모이는 장소로 왔다.

400여 명 즈음되는 참석 관광객들이 모이고 여기저기에서 웅성웅성하고 있을 때 진행자가 경품을 추첨을 한다. 당첨번호를 계속해서 한번호 한번호 불러간다. 이윽고 진행자가 내가 들고 있는 번호를 부른다. 200048번이다.

많은 행사에 참석했지만 경품추첨에 당첨되는 경험이 없어 깜짝 놀랐다.

다시 들고 있는 번호를 보니 **200048번** 내가 가지고 있는 번호가 맞았다

큰 소리로 대답하고 경품추첨 장소로 가니 금색으로 포장된 라면 박스(20개) 만큼 큰 것이다.

그런데 별로 무게 없는 데 도대체 내용물이 무엇인지 알 수는 없었다. 그 자리에서 바로 내용물을 볼 수 없어 그대로 하산할 때까지 가지고 잠실운동장 사무실에 와서 보니 내용물이 땅콩으로 된 과자가 가득히 있는 것이다.

먹는 과자이기에 허전하기도 했지만 주님께서 새벽미명에 보여주신 것과 너무도 똑같아 참으로 감사했다. 어떻게 몇백 명이나 되는 참석자 중에 추첨자의 손이 그 번호를 추첨해서 그 물건을 지급하도록 할 수 있을까 도무지 이 아들의 작은 지혜로는 헤아릴 수 없었다. 많고 많은 사람 중에 허물 많고 죄악 많은 이 작은 아들을 그리도 사랑하시는지 알 수가 없다. 살아계셔서 이 아들의 생사화복을 주관하고 계신 주님의 한없는 은혜와 사랑에 이 작은 입으로 어떻게 감사를 다 하리요?

목사님, 사모님과 안수집사 임직식 기념 찰깍

사람이 해 아래에서 수고하는 모든 수고가 자기에게 무엇이 유익한고, 한 세대는 가고 한 세대는 오되 땅은 영원히 있도다. 해는 떳다가 지며 그 떳던 곳으로 빨리 돌아가고, 바람은 남으로 불다가 북으로 돌이키며 이리 돌며 저리 돌아 불던 곳으로 돌아가고, 모든 강물은 다 바다로 흐르되 바다를 채우지 못하며 어느 곳으로 흐르든지 그리로 연하여 흐르느니라. 만물이 피곤함을 사람이 말로 다 할 수 없나니 눈은 보아도 족함이 없고 귀는 들어도 차지 아니하는 도다(전 1:5-8)

우리네 인생은 눈은 보아도 족함이 없고 귀는 들어도 차지 아니하는 것을 어찌 수고하려 하는가?

사람이 먹고 마시며 수고하는 가운데서 심령으로 낙을 누리게 하는 것보다 나은 것이 없나니 내가 이것도 본즉 하나님의 손에서 나는 것이 로다(전2:24)는 것을 나는 알았노라.

세상 모든 것이 헛되나 하나님을 아는 지혜가 인생의 본분이요, 먹고 마시는 것과 낙을 누리는 것이 하나님의 선물인 줄 알았도다. 인생의 모든 것이 하나님을 아는 것이요. 하나님의 품으로 귀의 하는 것이 본분이란 것도 알았다. 내 인생 삼십오년 헛된 것을 쫓다가 병든 몸과 상한 마음으로 낭패와 실망을 당한 뒤에 병든 내 몸이 튼튼하고 빈궁한 삶 부해지며 죄악을 벗어 버리려고 하나님을 품에 안겼노라.

그로부터 일십칠년 넓고 깊은 하나님의 사랑을 말로 다 형용 못하여 이 낮고 낮은 땅위에서 그 은혜를 잊으리까. 하나님께서 나를 심히 경책하셨어도 죽음에 붙이지 아니하시고 귀한 일꾼으로 세워주셨다. 이는 하나님이 행하신 것이요 우리 눈에 기이한 바로다.

하나님 나라 확장을 위하여 우리에게 귀한 사명을 맡겨주신 영광스런 날이라. 하나님이 예비하신 영광된 그 날에 어떤 모습으로 설까?

악한 이 세상의 지배를 받는 생활을 벗어버리고 진리 되신 예수그리스도 죽음과 부활에 참여하여 예수와 함께 죽고 살아나 하나님 나라를 기업으로 받은 자녀로서 하나님의 아들이 되었으니 그리스도 옷을 입고 서리라.

그리스도 옷 입음은 예수그리스도에 대한 믿음의 고백과 신앙이 내 삶 속에 항상 있어 영적 싸움에서 승리하며 하나님 자녀로서 품위를 지켜나가는 신앙생활이 되어야 한다.

하나님께 영광된 옷은 어떤 옷 일까? 개인의 명예와 자존심을 드러내는 옷 일까? 지위와 권력을 나타내는 옷 일까? 아니다 어떤 옷을 입은 것이 하나님께서 기뻐하실까? 세상에는 많고 많은 온갖 종류의 옷이 있는 데,

기쁨과 소망의 옷, 믿음과 평안의 옷을 입을 수만 있다면...

거절할 용기가 없었다. 참 빛이 세상에 와서 나 에게 비취는 빛이 있었나니 그로 말미암아 지은바 되었는데, 여전히 세상 미혹과 나태함속에서 살고 있다. 영광된 주님말씀에 순종하지 못했고 거역하며 사는 날이 너무 많았다. 마음은 다스리지 못했고 변덕스러워, 주님과 함께 하면 답답하고 불편할 것 같아 온전치 못한 삶을 살 때도 많았다.

선하신 하나님의 사랑을 깨달은 17년의 세월을 순종하려 했건 만 부족함 그 자체였다. 그러나 때로는 우리 교회와 여의도순복음교회 오산리금식기도원, 성복교회 서동기도원에서 금식하며, 한없이 울어가며 사랑의 하나님께 회개와 용서를 빌고 빌었다.

그때마다 하나님은 "사랑하는 내 아들아 내가 너를 사랑한다"고 말씀하셨다. 몸이 아파 고통 중에 여호와께 부르짖으면 치료해주시고 위로해 주셨으며, 물질이 부족하여 말씀드리면 수 없이 채워주시고 해결해 주셨다. 세상사(事)에서 마음에 지고 갈 때면 "여호와는 내편이시라, 내게 두려움이 없나니 사람이 내게 어찌 할꼬" 낙심하여 주저 앉아 있을 때, 악(惡)한 자를 고백하게 했고, 나를 미워하는 자에게는 보응하시는 것을 확인시켜 주셨다.

악한 세력이 나를 밀쳐 넘어뜨리려 하였으나 여호와께서 나를 도움이 되셨으며, 사람을 신뢰함보다 여호와를 신뢰함이 나음을 확인시켜주셨다.

2006년 10월 22일 성령과 지혜가 충만하여 주님께 칭찬 받는 사람을 만들려고 직분을 맡겨 주셨다. 오로지 기도하는 일과 말씀 사역에 힘쓰리라고 주님이 주신 안수집사 직분인 것이다.

할렐루야. 이윽고 귀한 날 주님이 예비하신 날 영광된 날이 정해졌다. 너희가 어찌 의복을 위하여 염려하느냐 들의 백합화가 어떻게 자라는가 생각하여 보라 수고도 아니 하고 길쌈도 아니 하느니라(마6:28)고 하셨는데 당일 날에 많은 손님이 오시는데 어떠한 옷을 입을까를 여러 번에 걸쳐 생각해 보았다.

교회에서 안수집사 임직 예배드릴 때 입을 옷의 구입 비용을 이미 받았으니 기존 양복을 세탁해서 입을 수도 없고 새 양복을 구입해야 되겠는데 어떻게 하면 좋을까? 2006년 9월 16일 새벽미명에 양복을 구입하되 이렇게 디자인을 보여주신 것이다.

『검정색 옷감에 윤기가 난다. 회색 가는 실선이 겹줄로 들어 있는 양복이다』

안수집사 임직예배를 한달 여를 남겨 놓은 시점에서 보여주신 것이다. 양복은 검정색 천으로 중후하고 깔끔한 옷감이다. 작은 신장을 다소나마 크게 보일 수 있도록 세로 줄이 들어 있다. 줄이 겹줄로 들어 있어 한 줄은 두꺼운 줄이 한 줄은 가늘게 넣어 놓은 옷감으로 만든 양복이다.

2006년 10월 14일 토요일에 시간을 내서 임직예배 드릴 때에 입을 양복을 구입하러 금천구 가리봉동으로 갔다. 주님은 한달 전에, 이미 보여주신 그 옷이 어느 곳에 있는지 아시고 계신 것 같다. 가리봉동 패션거리에 가면 수많은 양복 가게들이 있다.

어느 곳으로 가야 될지 한참을 망설였다. 가격이 높은 곳도 있고 다소 저렴한 곳도 있기 때문이다. 똑같은 양복이라 해도 가격의 차이가 나기 때문에 매장을 잘 찾아 가야 저렴한 옷을 잘 구입할 수 있다. 그 날도 아내와 함께 어디로 갈까 망설이고 있었다.

평상시에는 가리봉에서 철산리로 넘어가는 고가도로 직전 4거리 인근에 있는 대형매장을 주로 이용했다. 때로는 대형 매장 뒤편에 있는 삼성할인 매장에도 가끔 들려서 양복을 구입하기도 했다. 금천구 가리봉 패션거리는 너무 많은 옷 매장이 있어 혼란스럽기까지 하다.

이리 갈까 저리 갈까 한참을 망설이다 삼성 할인매장 건너편 서광모드 매장으로 갔다. 여기에도 다양한 메이커 매장에 수백 벌 양복이 걸려있다. 매장마다 들어가서 이것 저것 다양한 양복을 보고 있는데 서광모드 매장에 주님이 보여주신 양복 색상디자인이 눈에 뜨인다.

이것이다. 이것이야.

흡족한 마음으로 **주님이 보여주신 양복**(V05-P06318-1:476/84)을 골라 구입했다. 구입한 양복을 정성스럽게 수선을 의뢰하고 집으로 돌아 왔다. 참으로 이 죄 많고 허물 많은 이 죄인을 예수님의 거룩하신 보혈로 구원하여 주시고 아들이 입을 옷의 디자인까지도 말씀으로 주시니 이 어찌 감사하지 아니하리요.

이제는 성령과 지혜가 충만하여 주님께 칭찬 받는 직분자로 오로지 기도하는 일과 말씀 사역에 온전히 서는 자로 최선을 다해야겠다. 이 생명 다하여 이 세상에 살아 있는 동안 하나님을 경외하며 살겠다.

올해도 귀하고 고맙고 자비로운 하나님께 감사드리며, 사랑으로 하나된 우리 교회 목사님과 안수집사와 성도님들에게 세세토록 하나님의 영광이 있기를 기도한다. 이를 굳게 믿고 감사한다.

박태준 어록

사무엘이 이르되 여호와께서 번제와 다른 제사를 그 목소리를 순종하는 것을 좋아하는 것을 좋아 하심같이 좋아 하시겠나이까, 순종이 제사보다 낫 고 듣는 것이 수양의 기름보다 나으니 이는 거역 하는 것은 사술의 죄와 같고 완고한 것은 사신 우 상에게 절하는 죄와 같음이라(삼상15:22-23)

여호와의 목소리를 청종하고 순종하는 것이 제사보다 낫다고 하였다. 또 여호와 의 말씀에 거역하는 것은 온갖 무당 술객 등으로부터 점치는 죄와 같고 마음이 완악 하여 불순종하는 것은 우상을 숭배하는 죄 악을 범한 것과 같다고 경고하고 있다.

다시 말해 순종이 없는 믿음은 결코 믿음이 아니며 아무런 은혜와 상급도 없는 죽은 믿음이다.

성경은 영혼 없는 몸이 죽은 것 같이 행함이 없는 믿음은 죽은 것이라고 우리에게 권고해 주고 있다. 순종을 믿음생활의 후한 상급에 대해 우리들에게 잘 제시해 주고 있다. 순종을 잘해 믿음의 조상이 된 아브라함이 있다. 순종이 없는 믿음은 결국 죽은 믿음으로 아무런 상급은 물론이고 구원도 없다 하겠다.

천지는 없어지겠으나 내 말은 없어지지 아니하리라는 마태복음 24장35절에 말씀과 같이 영원불변하신 주님이 보여주신 대로 전하므로 나의 전할사명은 다할 것이니 오직 당신이 믿음과 자신이 있으면 주변과 환경을 보지 말고 목숨을 걸고 행하면 될 것이요 만약 주변과 환경을 보고 행하지 못함은 난들 어찌 하리요.

『믿고 나가보라』

하나님의 방법은 매우 다양하지만 우주만물을 주관하시는 것은 불변하고 그분이 하시는 것은 영원한 것부터 영원까지 분명하게 드러날 것이다. 그분이 눈에 띄지 않게 인간의 사건속에 들어오셔서 그분의 계획에 의해 이끌어 가신다. 그러나 우리는 경험과 환경을 보고 아주 작은 머리로 판단하여 행하고 있지만 그런 우(憂)를 범하지 않기 바란다. 그러나 그 분은 우리 인간에게 언제나 자유롭게 행동할 수 있도록 하셨으니 믿고 뜻을 세워 대선후보에 나가 보시기 바란다.

천지를 창조하시고 다스리는 우리 주 예수 그리스도 말씀을 온 천하에 증거하노라.

(박태준 민자당 대표최고위원께 1992. 2. 24. 발송)

오종천 올림

박태준 민자 대표최고의원 귀하

나의 달려갈 길과 주 예수께 받은 사명 곧 하나님의 은혜의 복음 증거하는 일을 마치려 함에는 나의 생명을 조금도 귀한 것으로 여기지 아니하노라(행 20:24)

1992년 2월 24일 전해 드린바 있아오니 요사이 민자당 대권후보 경선 문제로 온 나라의 뉴스거리가 되고 있는 것으로 저 뿐아니라 모든 사람의 관심거리가 되고 있습니다.

요사이 민자당 김영삼 대표 최고위원은 이미 대통령후보 경선에 나서겠다고 했으며 민정계 또한 이종찬 위원이 곧 발표를 하겠다고 했습니다.

다시 한번 전하거니와 경선에 대한 신문지상의 보도는 박태준 최고위원은 관망하시는 것으로 생각하고 계신 것 같은 데 속히 대통령후보로 발표하시고 적극적으로 나서야 합니다.

그리고 최종 열매를 보십시오.

1992. 3. 31

오종천 올림

· ·

박태준 대표최고위원 최재욱 비서실장 귀하

(1992. 4. 4. 발송)

최재욱 의원님께

하나님께서 행하는 모든 일은 인간의 힘으로 막을 없을 진저 우리 인간은 주님의 뜻을 헤아리지 못하는 고로 자지의 욕심만 가지고 서로 나서서 내가 후보가 되어야 된다는 작금의 민자당 대권후보 경선에 나서겠다고 사람들의 모습을 보게 됩니다.

박태준 최고위원이 향후 우리 조국을 이끌어 갈 분이라는 말씀을 전하고자 합니다. 오직 전하고자 하는 말씀은 인간의 말이 아니오니 제일

가까이에서 최고위원을 보필하는 분으로서 앞으로 열매를 ·보시기바랍
니다.

앞에서도 말씀하였거니와 이 말씀은 박태준 최고위원님이 하나님을 믿
든지 안 믿든 지 만왕의 왕께서 이끌어 가신다는 것을 밝혀두고자 합니
다. 인간 어느 누구도 주님의 뜻을 방해하지 못한 다는 것을 다시 한 번
전합니다.

오종천 올림

··································

回 信

(박태준 최고위원측 1992. 4. 6 회신)

先生님께

하나님의 恩惠의 福音 傳하시는 일만으로도 매우 바쁘실 先生님께서
저희 最高委員께 聲援을 보내주신 것에 깊은 感謝를 드립니다.

저는 最高委員님을 모시고 있는 강석진 秘書官입니다.

先生님께서 보내주신 "하나님의 뜻과 사랑" '하나님의 말씀證據'를 最
高委員께서 읽으시고 매우 고마워하시며 꼭 感謝답回信을 드리라는 말
씀이 계셨습니다. 최고위원께서 워낙 바쁘신 關係로 제가 대신 回信을
드리는 점 널리 理解해 주시기 바랍니다. 민자당의 大權候補 경선문제
로 國民의 觀心이 集中되고 있는데 先生님말씀대로 이것은 한 개의 당

의 문제가 아니라 우리나라와 우리民族의 장래에 重大한 일입니다. 重
大한 問題인 이 問題가 先生님 말씀대로 하나님의 방법은 매우 다양하
지만 불변하여 영원한 것으로 분명하게 드러날 것이며, 인간경험의 헝
클어진 실을 가지고 당신의 완전한 계획을 짜가실 것이므로 조만간 하
나님의 뜻대로 모든 것이 정리되리라 믿습니다. 하나님께서는 능력의
하나님이시기에 하나님의 의지대로 반드시 될 것입니다. 하나님의 은
혜의 복음과 하나님의 의지대로 모든 것이 이루어질 수 있도록 선생님
의 기도부탁드립니다. 하나님의 恩寵이 先生님께 함께 하시길 祈願합
니다

감사합니다.

「박태준 문집과 함께 회신」

1992년 4월7일

박태준최고위원 비서관 강석진 드림

7

주님의 은혜를 받고

2001년 에너지절약 현상공모 작품집

31

빛(energy)의 근원(根源) 하나님

태초에 하나님이 천지를 창조하시니라(창 1:1)

빛을 낮이라 칭하시고 어두움을 밤이라 칭하시니라. 빛의 근원은 하나님이시다. 이 빛이 곧 에너지(Energy)이다. 현재 우리 인간이 사용하는 모든 에너지의 근원은 태양이다. 인류가 사용할 수 있는 모든 에너지원(原)은 하나님의 창조의 질서 속에서 이루어진 것이다. 하나님이 우리인류에게 부여한 자연을 사랑하고 지구를 사랑하는 마음을 가져야 하는 이유가 여기게 있다.

특히, 전 기독교인들은 지구를 더욱 사랑하고 아끼는 길이 하나님의 사명을 실천하는 길임을 명심해야 한다. 왜냐하면 이 세상은 하나님이 친히 말씀으로 만드신 것이기 때문이다. 그러므로 하나님이 인류에게 주신 대표적인 부존자원인 석유는 오랜 세월동안 축적된 화석연료로서 지하에 매장되어 있는 자원은 한계가 있을 것으로 현재와 같이 이용한 다면 50~60년 이내에 고갈될 것이다.

최근에, 에너지 이용에 대한 원자력 확대와 태양에너지 이용에 대한 새로운 관심과 개발이 확대되고 있지만, 이를 이용하기 위한 많은 제약을 받고 있다. 이와 같이 인류가 사용하는 유한한 에너지를 어떻게 사용할 것인 가는 우리에게 주어진 과제이다.

하나님께서 천지를 창조하신 후에, 인류에게 복을 주시며, 생육하고 번성하여 땅에 충만하라 땅을 정복하라고 말씀하셨다. 또한 "모든 물질을 다스리라"는 이 세상의 이용에 대한 책임을 우리에게 맡겨 주셨다. 우리는 하나님이 우리에게 주신 이 세상에 물질을 다스리고 이용하는 것과 아울러 일상의 삶 속에서 자족할 줄 아는 지혜로움이 있어야 되겠다.

『이 작품은 2001년 제23회 전국에너지 절약작품 현상공모(산업자원부, 에너지관리공단)에 응모(751편)하여 입선된 작품이다』

『내가 바보처럼 느낄 때도 있었다』

서울特別市 吳鍾千

어제 아침, 우리 사무실 창 너머로 보이는 저 하늘은 구름으로 휘감아 나의 마음을 잠재워 버리더니, 오늘 아침은 먼 하늘에 떠있는 이름 모를 구름 속으로 나의 얼굴을 살포시 감싸며 되돌아오는 햇님이 있어 참 좋다. 하루하루가 다람쥐 쳇바퀴 돌듯이 살아가는 우리의 삶이라고 하지만, 이 지구상에 부존해 있는 에너지 자원은 인간들로 말미암아 언젠가는 고갈될 것인데, 이에 대한 대비 없이 무작정 사용하려 하니 이 어찌 통탄할 일이 아닐는지?

나와 우리 가정에서 실천하고 있는 아주 작은 몇 가지의 에너지 절약 사례를 소개하고자 하니, 다함께 참여하여, 실천하고자 정진하는 우리에게 아낌없는 격려와 용기를 베풀어 주기를 바란다. 우리가족은 4인으로 나는 공무원으로서 사명을, 아내는 가정의 지킴이를, 큰애는 작년에 이루지 못한 대학 진학의 꿈을 위해 학원에서 공부를, 고등학교 2학년인 작은 애는 학생으로서 본분을. 가족 모두는 맡은 바 소임을 다하며 살아가는 지극히 평범한 가정이다.

우리 가정의 에너지 사용이 적을 양일지도 모르나 전기 한 등, 물방울도 낭비하지 않으려고 한다. 전기를 사용하는 전자제품은 가족 4인이 가장 적정하게 사용할 수 있는 용량(규격)의 제품을 선택하여 구입했다. 세탁기는 6.6kg, 냉장고는 299리터, TV는 20인치이다.

최근에 매스컴에서 보면 대부분의 신혼 부부들이 냉장고와 세탁기, TV등 각종 전자제품을 대형으로 준비하고, 그것도 모자라 국산보다는 전력소비가 많은 외국제품으로 구입한다는 것을 보면서 참으로 안타까움을 금할 수 없었다.

그뿐인가 길거리에 나가보면 자동차는 어떠한가? 석유 한 방울 나오지 않는 나라에서 승용차는 중·대형만을 타고 다니며 홀로 승용차는 왜 이리 많은 지? 자본주의 사회에서 내가 벌어서 내가 쓰는데 무슨 참견이냐고 한다면 할 말은 없다. 그러나 우리는 더불어 사는 사회이다. 나 혼자 살지 못하는 사회, 60억의 지구촌 가족이 어우러져 살아가는 세상이다. 우리는 이 땅에 태어나 이웃과 더불어 살다가 가야할 길로 간다. 뿐만 아니라 이 땅을 영원히 지켜가야 할 소명도 우리에게 있다.

우리 가정은 우리가 지켜야 할 소명을 절실히 깨닫고 가족 간에 약속한 사항은 미덕으로 여기며 가장인 나부터 지킨다. 우리집은 각자에게 주어진 시간제약도 있지만 옷가지는 모아서 일주일에 1-2회 세탁하고, 다리미질은 와이셔츠 4-5개, 바지 2-3개를 모아서 1회 정도 다리미질한다.

TV시청은 시간대를 정하여, 평일은 뉴스 시간대인 밤 9시부터 10시 20분까지이고, 토·일요일은 다소 여유 있게 시청을 할 수 있도록 TV시청 시간표를 만들어 TV 앞에 붙여놓고 지킨다.

시청시간표와 다른 프로그램의 시청은 가족의 만장일치 의견에 의해서만 시청할 수 있다. 화장실에는 물 소비를 줄이기 위하여 양변기에 2단 절수장치를 설치하고 탱크에 돌 3개를 넣어 물 사용을 줄였다. 매일 매일 발생하는 적은 세탁물과 걸레는 각자가 손으로 세탁하고 청소하며 사용한 물은 양변기에 재사용하고 있다.

우리 집에는 20년 전 우리의 결혼 혼수로 준비한 낡은 장롱과 찬장을 비롯한 각종 가구는 우리 집의 자랑으로, 여기 저기 이사 다니다보니 많이 훼손되어 낡았지만 잘 보수하여 지금도 안방에 한 자리를 든든히 지키고 있다.

이제는 훌쩍 자라버린 큰 애의 책상이 너무 낮아 사용할 수 없어 10센티 이상의 받침대를 설치하여 신장에 알맞게 맞추어 사용하고 있다. 또한 많은 사람이 모인 장소임에도 관리가 소홀하기 쉬운 우리 교회의 에어컨 필터 세척은 나의 몫으로 작년 뿐 아니라 올해에도 잘 정비하여 효율향상에 기여할 것이며 다가올 여름에도 쾌적하고 신선한 바람을 온 성도들에게 공급할 수 있을 것이다.

직장에서 에너지 절약의 생활화는 더욱 중요하다. 나는 비교적 출퇴근 거리가 가까워서 가끔은 아침 일찍 출근한다.

사무실에 56개 전등을 다 켜서 낭비할 이유가 없기에 전등 스위치에 위치별 점등표시를 해서 필요한 곳에 전등을 켜도록 하고, 창가 밝은 곳에 전등은 수시로 점검하여 소등한다. 때로는 숙직 시에 각 사무실을 순찰 점검할 때 보면 한 두 사람의 직원이 전 사무실 전등을 모두 켜놓고 근무하는 것을 본다. 대낮처럼 밝은 수많은 40W의 전등을 모두 켜놓고, 저렇게 관심도 없이 근무할 수 있을까! 무심히 켜 있는 전등이 얄미울 때도 있었다. 언젠가 복도에 켜 있는 전등의 소등문제로 어떤 직원과 언쟁하던 때가 있었다. 우리 모두가 조그만 관심을 가지고 실천했으면 참으로 좋으련만!

많은 사무실에서 흔히 사용하는 서류 절삭기를 어떻게 사용하면 좋을까? 각 사무실에서 가장 많이 사용하는 A4용지는 절삭기에 가로 넣게 되면 절삭되는데 모터 회전이 대략 10초가 걸리고, 세로로 절삭하면 4초이면 가능하다. 60%의 모터 회전전력을 줄일 수 있다. 여기에 보다 더 절약하고 싶으면 용지를 반으로 접어서 절삭하면 더 큰 효과가 있을 것이다.

나는 일회용 컵이 항상 책상 서랍 속에 있다. 커피 등으로 사용한 컵을 1회 사용하면 너무 낭비가 심해 최소 2-3회 사용하고 있다. 또한 별 관심 없이 사용하고 있는 커피포트의 물 끓이기는 모두가 보다 세심한 관심을 기울려야 한다. 평일에는 물을 많이 사용하기 때문에 많은 물을 끓여서 사용해도 되지만 퇴근이 임박한 시간과 토요일은 물론 커피포트에 가득히 채워서 끓일 것이 아니라 적정량을 끓여 사용하면 많은 전력을 줄일 수 있다. 뜨거운 물을 바로 냉장고에 넣어 식힐 것이 아니라 적당히 식힌 다음 냉장고에 넣어 시원하게 먹는 것도 에너지 절약의 한 방안이다. 나는 구내식당에서 많은 것을 보고 느낀다.

　　서울시청 구내식당은 뷔페식으로 본인 스스로 먹을 수 있을 만큼 가지고 가서 먹도록 되어있다. 일부 직원은 먹지도 못할 음식을 가득히 가지고 가서 먹지도 못하고 남기는 것을 많이 보았다. 그 부류는 신세대 젊은 남성과 여성들이 많다. 젊은 세대인 이들은 부족함이 없이 자라온 그들이며, 힘들고 어려움을 모르고 살아온 세대가 아닌가 한다.

　　적은 음식을 식판 네 곳에 모두 채울 것이 아니라 한 두 곳에 조목조목 놓아먹으면 좋으련만! 식판이 한 곳이라도 비어있으면 그 만큼 적은 물로도 세정이 가능해서 설거지 하수의 발생감소로 한강 수질 향상에 크게 기여할 수 있을 것이다. 구내식당 벽면에 여러 가지 문구(연간 음식물 낭비 8조원- 아직도 음식을 남기고 계십니까?)가 붙어 있지만 아랑곳하지 않는 그들의 모습을 보면서 저들의 마음을 어떻게 변화시킬 수 있을지 궁금하다. 사실 내 자신도 어떻게 해서 이런 사람으로 변화했는지 알지 못한다. 국가와 민족을 위하여, 우리 가정의 풍요로운 삶을 위하여, 금수강산의 영원한 보존을 위하여..

　　어떻든 이 땅에 사는 우리는 자원을 아끼고 보존해야 하며, 각자에게 주어진 자리에서 최선의 노력을 다해야 한다. 각종 주택과 빌딩 및 산업체는 물론이고 모든 교통수단에서 에너지의 소비가 심하다는 것을 우리는 너무 잘 알고 있다. 앞서도 언급했지만 직원 한 두 사람이 근무하는 곳에 모든 전등과 선풍기와 컴퓨터가 켜져 있고, 길거리에는 네온사인과 휘황찬란한 전광판이 한밤중에 켜 있다. 뿐만 아니라 아파트와 빌딩의 승강기는 홀로 운행되고 각 화장실의 수 돗물은 그저 흘려 내릴 뿐이다.

참으로 걱정스러운 우리의 에너지 소비문화가 아닌가 싶다. 우리나라가 하루에 소비하는 석유를 건물크기로 확산하면 장충체육관을 다섯 번 채울 양이라 한다. 인구는 세계 26위, 경제규모는 세계 11위, 석유소비는 세계 6위이다. 우리나라는 명예롭지 못한 곳에는 1위라는 명예의 감투를 쓰고 있다. 그래서 에너지 소비증가율도 당당히 세계 1위라고 한다. 97%의 에너지를 외국에서 수입하고 있는, 우리 국민 개개인은 주어진 자리에서 한등의 전등과 한 방울의 기름이라도 아껴야 한다.

오늘날에는 지구촌의 모든 국가는 에너지를 자국 내에 한정하여 수급사항을 처리할 수 없다고 한다. 이제는 우리가 사용하는 적은 에너지로 나의 가정과 우리나라는 물론이고, 세계경제에도 기여한다는 것을 알아야 한다. 우리가 진정 추구하는 에너지 파트너십을 쓰는 것도 너와 내가 아닌, 이 시대를 같이 사는 60억 지구촌 가족 모두의 에너지 절약에 화음이 이루어져야 한다. 각자가 주어진 자리에서 적은 에너지라도 어떻게 효율적으로 이용할 수 있을지 깊은 관심과 정성을 가져야 할 때가 온 것이다. 이때는 내일이 아닌 오늘이며, 남의 일이 아닌 내가 할 일이다.

해명산 온천시추공사를 하던 중에 목사님과 함께

32

환난 날에 나를 부르라

여호와 하나님. 나를 책망하지 마시고 분노로 나를 징계하지 마소서. 여호와 여 나를 버리지 마소서 나의 하나님이여. 나를 멀리하지 마소서 속히 나를 도우소서. 주 나의 구원이시여 주님은 나를 용서하사 내가 떠나 이 땅에 없어지기 전에 나의 건강을 회복시켜주소서. 하나님이여. 목마른 사슴이 시냇물 찾기에 갈급함 같이 내 영혼이 주를 찾기에 갈급하나이다. 나를 도우시는 하나님을 찬송하리로다. 하나님이여 나를 긍휼히 여기소서.

내 영혼이 주의 날개 그늘 아래에서 피하여 이 재앙이 지나 갈 때까지 나의 근심하는 소리를 들으시고 원수(병마)의 두려움에서 나의 생명을 보존하소서. 하나님이여.

일천구백팔십구년 칠월 이십일 일기이다.

하나님을 향한 한없는 절규이며, 생명을 살려 달라는 애끓는 부르짖음이었다. 당시에는 하나님이 살아계신 분인지 아닌지, 나의 부르짖음을 들어 주신 분인지 아닌지, 이 세상에 모든 일을 하실 수 있는 전지전능하신 분인지 아닌지, 도무지 아무것도 모르고 무조건 주님을 찾고 또 찾았다.

남들이 욕을 하든 말든, 그렇게 말들 하니까 막연한 기대 이러한 것들은 나의 사전에는 없다. 남들이 얘기하는 주님은 혹시 그런 것마저 없다.

그러나 나는 단호했다. 나의 **생사화복(生死禍福)이 달려 있기 때문에 믿음에 확신이 없으면 나는 죽어야 되기 때문**이다. 칠월이 가고 팔월이 왔다.

지난날, 이상하게 바라보고 있었던 교회와 기도원이었다. 그런데 지금은 **살려고 하니 무엇인들 못하겠는가?** 꿈에도 생각해 보지 않는 기도원을 향해 강화도 삼산면 석모도 해명산기도원으로 갔다. 해명산은 인천광역시 강화군 삼산면 석모도에 있는 산으로 높이는 327m이다 해명산은 바다에 떠있는 명산으로 석모도 한 가운데 있다. 명산과 서해바다의 정취를 한 껏 느낄 수 있다. 산세가 험하지 않아 누구나 산행할 수 있다. 석모도 입구에서 버스를 타고 갈래 길에 이르러 동쪽으로 가면 넓은 논이 있고, 서쪽으로 가면 기도원으로 갔다.

교회의 아담한 종탑이 보인다. 해명산기도원 여섯 글자가 보인다. 오솔길을 따라 한발 한발 다가가니 조그마한 목사님 사택이다. 참으로 반갑게 맞이해 주시는 목사님, 사모님의 모습이 선하다.

"어세오세요."

참으로 어느 누구의 반기는 목소리보다 좋았다. 큰 키에 웃음 띤 목사님, 아담하고 정감 있는 시골 아낙네 모습이 아닌 도시의 세련된 사모님이었다. 사택에서 식사하면서 세상 일상의 정감 있는 말씀을 나누고 바로 옆에 기도원으로 향했다. 기도원은 도시의 교회와는 너무 달랐고 마치 가정집과 같았다.

그러나 하나님이 세우신 성전이라서 그런지 모르지만 마음이 너무 편해 마치 지상 천국인 것 같았다. 서해바다에서 불어오는 바다 내음과 푸른 숲에서 품어 안아주는 숲의 향기이며, 그 속에서 울어대는 새 소리...

여기가 천국이 아닌가 했다. 서해바다에서 새벽미명에 밀려 오는 파도소리 벗 삼아 안개가 자욱히 끼어있고, 종탑에서 울려오는 탱그랭 탱그랭 은은한 종소리로 새벽을 깨운다.

새벽과 저녁예배시간은 찬송은 사모님이 목사님은 말씀증거로 역할이 구분되어 있었다. 주님을 향한 예배가족 칠, 팔명의 찬양은 천상의 화음이었다. 언제나 살아계신 하나님을 증거하는 기도원 원장님의 짧은 말씀은 한결 같이 강력하게 증거하고 있다.

"하나님은 살아 계십니다."

지금도 여기에 계시고 우리의 생사화복을 주관하고 계십니다. 무슨 근심과 염려가 있습니까? 우리는 만왕에 왕께 아버지께 말씀만 하십시오. 그대로 이루어 주실 것입니다. 그리고 하나님께서 우리 기도원에 온천(溫泉)을 주셨습니다. 「온천에 대해서는 가장 강력한 메시지를 전했다」

우리는 기다리면 됩니다. 그 일은 아버지께서 하실 것이기 때문이지요.

진실로 진실로 하나님은 살아 계실까? 목사님의 강력한 하나님 말씀 증거에 믿음이 서게 되었다. 짧은 며칠을 기도원에서 보내고 서울에 왔지만 나의 귓전에는 해명산의 귀한 말씀이 반석위에 새기어졌다.

마냥 좋아 꿈으로 음성으로 환상으로 말씀하신 기이한 모습을 아침에 말씀드렸다. 그러나 지난 세월 철없는 나의 모습이 아니었나 생각해 본다. 당시에 여의도순복음교회가 있는지도 몰랐었는데 여의도에서 오셨다고 말씀하신 권사님 한분이 계셨다. 권사님은 25년

동안 예수님을 믿었는데도 주님이 그러한 기이한 일이 없는데, 왜!
젊은이는 예수 믿은 지도 얼마 되지 않았는데 그러한 일이 있는지
알 수가 없다 고 말씀하시곤 했다.

젊은이를 하나님이 너무 사랑하시는가 보다는 말씀으로 격려해 주
었다.

사실 하나님아버지이 매일 매일 일어날 일을 보여주시는 지 알 수
가 없었다. 오직 전지전능 하신 하나님아버지만이 아시고 계신다고
믿는다.

기도원에서 나는 마태복음 5장에서 말씀하고 있는 심령이 가난한
자, 애통하는 자, 온유한 자, 의에 주리고 목마른 자, 긍휼히 여기는
자, 마음이 청결한 자, 화평케 하는 자, 의를 위하여 핍박을 받은 자
를 무엇인지도 모르고 무조건, 이것 저것 따지지 않고 최선을 다해
주님께 부르짖었던 것 같다. 한없이 많이 부르짖었다. 때론 밤이 새
도록 많이 간구했다.

무조건 기도하면 된다는 확신을 가지고 부르짖었다.

한 달에 한두 번은 토요일 신촌에서 버스를 타고 해명산기도원에
가서 기도하고 주일 오후에 집으로 돌아왔다. 그때에 하나님이 세상
을 다스리시는 살아계신 생생한 모습을 낱낱이 증거 해 주어 지금도
확신을 가지고 주님을 경외하게 되었는지도 모른다.

1992년 초(初)부터 온천을 개발하기로 하고 여러 가지 계획을 세웠다.

하나님 사랑의 빛이 어두움을 깨닫게 한지도 얼마 되지 않았지만, 진실로 하나님이 살아계신다면 당연히 온천이 개발되어야 된다는 믿음이 있었다.

왜냐하면 주님이 말씀으로 우주만물을 창조하신 분이시기에 제일 잘 아실 것이기 때문이다.

시추공사는 개포동에 사는 김기용 사장과 함께 하기로 했다. 동절기에 하면 많은 제약이 있는 데도 연초에 시작하여 3월 중순까지 시추를 위한 많은 준비하여 기도원에서 목표한 깊이를 시추하고 있다고 연락이 왔다. 그러나 기대했던 온천물은 개발되지 않았다고 했다.

온천은 100미터 이상 시추하면 무엇인가 온천의 모습이 보이고, 깊이가 깊어 갈수록 온도도 계속해서 올라가는 모습이 있어야 될 줄 생각한 것이다. 국내의 온천개발은 대체로 600 ~ 800미터이상을 시추해야 하는 데, 이번에는 하나님이 말씀하신 것이니 기대가 너무 크고, 빨리빨리 이루어야 한다는 강박관념이 있었던 것 같다. 시추공사와의 싸움이 계속되었다. 모든 일은 성과가 있어야 되는 데 온천개발에 대한 가시적인 성과가 없으니 말이다.

溫泉法 제2조에 의하면 "온천"이란 지하로부터 솟아나는 섭씨 25도 이상의 온수를 말한다고 되어 있다. 온천법에 준하는 기준만을 가지고는 경제성이 있을까? 경제성이 있기 위해서 대체로 부존온도

가 40℃이상은 되어야 하며, 생산되는 물 양(量)이 많아야 한다는 것이다. 그런데 두가지를 모두 충족하지 못해 참으로 난처한 모양이 되었다. 그동안 수없이 살아계신 창조의 하나님을 증거했는데 실망이 너무 큰 것이다.

시추공사는 계속되고 있었지만 기적적인 모습이 없어 실망이 컸다. 이에 대한 협의를 위해 관계자 4인방이 1992년 3월 5일 신촌 일식집에서 만났다. 어떻게 할 것인지, 계속 진행을 할 것인지, 여기서 멈출 것 인지… 그러나 여기에서 멈춘다는 것은 너무 아쉽고 그동안 수많은 기회를 통해 살아계신 하나님말씀 증거를 했는데 어떻게 공사를 중지할 수 있겠는가?

살아계신 하나님께서 말씀하셨는데 여기서 중단하면 무슨 꼴인가? 하나님께 무엇라고 변명할 것인가? 또한 세상 사람들에게 하나님을 어떻게 증거할 것인가? 수많은 일들이 머리에 스쳐간다. 일단은 시추공사는 계속하기로 했다. 시추공사는 반드시 성공해야 한다. 온천이 펑펑펑 솟아 올라와야 한다. 나에게는 생사가 걸려 있었다. 다시 말해 하나님이 살아계신 확실한 증거가 있어야 내 생명이 살아 있다는 것이다.

하나님 약속의 말씀을 믿고 전했으니 나는 누구보다도 절박했다. 나는 누구를 믿고 살아야 되는가? 꿈으로 음성으로 하신 것들이 다

가짜라면 나의 生命은 어떻게 되는가? 또 죽음의 공포로 되돌아 가야 되는가? 3월의 하루하루가 별에 별 마음이 들어 나를 두렵게 한다.

3월 21일 토요일 10시 40분경에 기도원장 전화이다. 300여 미터를 시추공사를 했는데 기대하는 만큼 온천물이 나오지 않는다는 실망스런 전화가 왔다. 참으로 걱정이다. 이 일을 어떻게 하면 좋을까? 기도원과 함께 온천 일을 계속해야 하나 발을 빼야 하나 심한 갈등의 시간이었다. 마음에 근심과 염려를 억제할 수 없어 기도원에 전화를 11시 30분경에 했다. 사모님과 통화를 했는데 목사님이 많이 허탈해 한다는 것이다. 많은 위로를 부탁드리고 전화를 끊었다.

수천만 원을 들여서 시추공사를 하는 무모함이 세상 사람들 보기에는 어떨까? 하나님이 감동으로 우리가 받은 것이 아닐까? 진실로 하나님은 살아 계신 것일까? 헤아릴 수 없는 잡념들이 스쳐간다. 분명 하나님이 매일매일 말씀을 주셨으며, 변함없이 말씀대로 이루어 주셨는데 의심하면 어떻게 되겠는가, 죄송스러운 마음이 자꾸만 든다.

하나님의 말씀이 영원히 하늘에 굳게 섰사온데 우리 마음대로 해석하여 영광을 돌리지 못하면 그 죄사함을 어떻게 받을 것인가?

1992년 3월 22일 주일이다. 새벽 5시에 음성이다.

『하나님 말씀은 땅에 떨어진 말씀은 없다』

새벽에 일어나 해명산기도원으로 향했다. 그리고 10시경에 원장님을 만났다. 많은 대화를 했다. 현재 진행되고 있는 실망스런 온천 공사를 어떻게 할 것인가? 주변에 있는 토지는 어떻게 할 것인가? 시추공사의 현재까지 대금지급은 어떻게 지급할 것인지 들을 협의하기 위해서다.

이와 관련 목사님이 온천시추공사 후 토지이용과 관련된 제반사항들을 각서로 정리해서 넘겨주었다. 사실 나는 온천개발로 인해 발생할 수익이 중요한 것이 아니라, 하나님이 보여주신 것들이 성취되었다는 확실한 증거가 나에게는 훨씬 더 중요했다. 하나님이 주신 희망의 끈을 가지고 강화도를 출발하여 집으로 돌아왔다. 이제부터 온천개발은 오직 나의 결단에 의하여 시추공사를 해야 되는데 모든 것이 근심과 염려가 되었다.

사용할 수 있는 돈이 퇴직금 밖에 없는데 가족들과 상의 한마디 없이 해도 되는지? 밤에 잠을 이룰 수가 없었다. 만약 아내가 그 사실을 안다면 많이 놀랄 것은 뻔한데 어찌하랴? 퇴적금은 공무원 가족의 최후의 방패막이 인데 말이다. 참으로 많은 생각을 하면서 출근했다. 하나님의 사업을 하는 데 가진 돈이 없이 일은 해야되니 어떻게 하랴? 누군들 이런 것들을 쉽게 결단하겠는가? 1992년 3월 23일에 오후에 잠실운동장 사무실에서 시추공사에 대한 대금 지급각서를 작성하기로 했다.

「오직 인간의 뜻이 아닌 하나님의 뜻과 사랑으로 하는 귀한 사업입니다. 전지전능 하나님께서 이 사업을 이루어 주옵소서.」

하나님의 뜻이라면 무조건 순종하겠습니다. 나는 주님의 뜻이 550미터라고 생각하는 데 깊이에 대한 아쉬움이 있다면, 그에 대한 미련이 있을 터니까 시추공사를 조금 더 합시다.

우선 **일천사백만 원(14,000,000원)을 각서**를 써주고, 개발에 따른 금액이 더 증가되면 그 때에 다시 협의하여 추진하기로 하고 **지급각서를 2부를 작성하여 한부씩 교환**했다.

하루하루 공사가 지속될수록 오직 온천공사로 인해 하나님께 영광을 돌릴 수 있기를 소원하고 기도했다. 1992년 4월5일에 430미터를 시추했다는 연락이 왔다. 그러나 기적적인 온천의 큰 물줄기가 터진것도 아니고, 통상적인 지하의 깊이가 깊어지면 물의 온도가 다소 상승되는 정도의 현상만이 나타나고 있었다.

강화도기도원에서 전화가 오면 시험 발표를 기다리는 수험생의 그 심정 조마조마한 마음만 들었다.

시추공사는 4월 11일에도 계속되었다. 지하 500미터에 도달했는데도 기적적인 온천물의 솟구침이 없다고 했다. 믿음에 대한 확신은 가지만 도무지 확인할 길이 없으니 어떻게 하란 말인가? 가슴엔 시름만 쌓여 가고 믿음에 대한 회의와 하루하루가 근심과 걱정으로 가득가득 쌓여만 가고 있다.

살아계신 하나님이 두려워서 투정과 불평을 할 수도 없고, 도무지 어떻게 해야 한단 말인가?

20년 전에 기록한 4월 13일 기록한 일기 내용이다.

「어떻게 하란 말인가? 주님께선 전지전능하신 분이시면 왜 이렇게 물질적인 고통에다 또 온몸에 이상을 주실까? 나는 왜 이럴까? 지금까지 써 놓은 주님 일기장을 불태우고 싶을 정도로 괴롭다.」

때로 낭패와 실패원인이 마치 하나님께 있는 것처럼 투정을 부리고 불순종하면서 고통을 벗어나려고 생각할 때도 있지만, 모든 것이 나의 죄와 허물인데 어찌하랴?.

원인이야 어떠하든 온천공 시추한 공사대금을 약속된 날짜에 지급해야 한다. 하루하루가 몸과 마음이 지쳐있어 한없이 좌절과 공포의 시간이 계속되고 있었다. 사람은 마음이 간사하여 하루에도 수십번씩 소망과 절망의 울타리를 넘나들고 있다.

소망의 울타리에서는 "나의 눈을 들어 산을 보니 도움이 어디서 오나" 외치다가 절망의 울타리로 넘어가면 "주신 이도 여호와시고 가져가신 이도 여호와시니 주님 뜻대로 하옵소서" 자포자기 심정으로 돌아간다.

그러나 하루에도 수번씩 주님을 향해 부르짖었다.

때와 장소를 가리지 않고 묵상하고 통성기도로 외쳤다.

육체에 연약하고 병든 몸 이였지만 급한 것은 공사대금 지급하는 것이었다. 약속일자는 하루하루 다가오고 대금을 마련하여 지급하지 못하면 사무실로 퇴적금에 대한 차압이 들어 올 것이 불 보듯 뻔한 일인데, 이일을 어떻게 해결해야 될지 참으로 참담한 심정이다.

퇴적금 차압이 되면 무슨 망신인가? 예수 믿는 자라고 수없이 외치고 전능하신 분을 믿으라고 시도 때도 없이 다녔는데 이것을 어떻게 하랴?

또한 온천개발공사 대금 미지급 문제로 공무원 퇴적금이 차압되면 공직가 마치 투기나 한 것처럼 보여 시(市) 감사부서에서 조사를 할 것도 뻔한 데 도무지 답(答)이 나오지 않고 계속된 잡념들이 나를 엄습하고 있다.

– 아버지 하나님이여.

십수년 동안 한푼한푼 저축하여 쌓아 놓은 퇴적금으로 하나님사업을 추진했나이다. 예수님의 이름으로 시행한 사업인데 이 어찌 공사대금에 차압이 되고 이렇게 되어선 안 됩니다.

아버지 하나님은 이 세상을 만물의 주관자하시오니 속히 역사하셔서 공사대금을 해결해 주시옵소서.

새벽, 출·퇴근 버스 안에서, 낮 근무시간 중에, 퇴근 후에 교회와 집에서, 때와 장소를 가리지 않고 아버지하나님께 간구드렸다. 때로는 금식을 하면서 기도를 했다. 공사대금해결해 주시라고 눈물의 기도를 아버지께 한없이 했다

시추공사 대금을 지급하기로 약속한 일자가 하루하루 가까워지니 한 없이 염려가 되고 이를 마련할 방법은 없고 어떻게 처리해야 하는 지 잠시도 걱정이 떠나지 않는다. 공사금액이 적은 금액도 아닌데 약속한 금액을 어떻게 마련해 야 될지? 이를 아내와 전혀 상의를 하지 않고 독단으로 한 약속인데 어떻게 이해를 시켜야 될지? 만약에 약속한 날짜에 대금을 지급하지 못하면 그 이후에 파생될 많은 문제들을 생각하면 도무지 잠이 오지 않았다.

온천시추공사업을 하는 김기용 사장과 공사대금을 지급하기로 각서에 약속한 일자가 3일 밖에 남지 않았다. 이젠 벼랑 끝에 몰리는 심정이었다. 그날도 퇴근길 영등포행 좌석버스에 몸을 싣고 집 앞에 하차했다. 어떤 해결 방법을 찾지 못하고 오직 하나님께 매달리는 방법 외에는 대안이 없어 집으로 오는 길에 교회에 들렸다. 한없이 눈물로 대금을 마련해 주시라고 부르짖었다.

-하나님 아버지 들어주소서.

아들의 부르짖는 소리를 들어주소서. 돈을 주셔야 살 수 있습니다.

하나님 아버지가 해결해 주시지 않으시면 안됩니다. 공사대금 미지금으로 인해 사무실로 퇴직금 압류가 들어오면 무슨 망신입니까? 그동안 이 아들의 입술로 수없이 하나님은 전지전능하시다고 만나는 사람마다 말씀을 증거해 왔는데, 이제는 증거 할 수 없습니다.

이 세상 만물은 아버지가 만드셨고 지금도 다스리고 계신다고 큰 소리를 해 왔는데 이제는 증거 할 수 없습니다.

나의 구속자가 살아 계시니 반드시 물질문제가 해결 될 것이라는 확신을 했다. 그러나 자꾸만 시간이 흘러가니 또 그 믿음이 흔들리고 있었다.

긴-긴 한숨을 내 쉬며 아버지여. 아버지여 이 아들의 부르짖는 울부짖음의 소리를 들으셨나이까? 아들에 부르짖음 말입니다. 나의 아버지를 찾고 찾는 데 왜 말씀이 없으시나요?

왜? 응답이 없으시나이까?

급해요. 아들은 급해요. 너무 많이 부르짖어 아버지 목 메입니다 아버지여. 울먹이며 목숨을 걸었다.

이때다 · 이때다. 주님의 음성이다. 할렐루야.

환난 날에 나를 부르라 내가 너를 건지리니(시50:15) **너희는 마음에 근심하지마라 하나님을 믿으니 또 나를 믿으라**(요14:1)

「하나님이 하신 일은 하나님이 책임을 진다」

또 음성이다.

「하나님이 하신 일은 하나님이 책임을 진다」

무슨 음성이지 누구의 음성이지? 성전 좌석에서 일어나 출입문 향해 몇 걸음을 걸었을 때 음성이다. 하나님이 하신 일은 하나님이 책임을 지신다. 하나님이 하신 일은 하나님이 책임을 지신다 고? 맞아! 맞아! 교회에서 집에 오는 길 걸음걸음이 날라 갈 듯이 기쁘고 기뻤다. 맞아! 맞아! 주님은 살아계셨어.

역시 하나님아버지는 나의 형편과 사정을 아시고 나와 함께 하시고 계셨구나. 이제 나는 살았어. 이젠 살았다 구. 그래 하나님은 나를 버리지 않으셨어. 나의 형편과 사정을 정확히 알고 계셨어. 나의 기도를 들어 주셨어. 응답하신거야. 한없는 위로가 되었다.

교회에서 집까지 300미터 즈음되는 데 많은 생각을 하면서 걸어오고 있었다. 집으로 오는 그 짧은 시간에도 문득 또 하나님이 하신 일이 무엇이지 궁금해 진다. 무엇을 해결해 주신다는 말씀이지? 갑자기 또 다른 상념들이 머리를 스치고 있다. 강화도 온천시추공사 대금에 대한 기도는 집중적으로 간구드렸지만 우리가정에 많은 문제 중에 어떤 문제가 하나님이 하신 일인지 알 수 없다. 해결해 주신

다는 것이 어떤 문제인지 도무지 알 수가 없다. 온천시추공사 대금 지급이 급하기는 하지만, 나의 건강도 좋지 않고 가정에 다른 사소한 여러 가지 문제들이 있으니 말이다. 그동안 아내에게 비밀로 해왔던 해명산온천시추공사 대금을 퇴적금으로 지급 약속하겠다는 각서사건을 이제 아내에게 말을 해야 하는 데 어떻게 해야 할까?

『하나님이 하신 일은 하나님이 책임을 지신다』고 음성이 계셨다고 말했더니 본인은 무슨 말씀인지 알 수가 없다고 했다. 우리가정에 사소한 많은 문제들이 있는 데 무엇이 하나님이 하신 일인지를 모르겠다고 했다. 하나님의 말씀에 대한 확실한 믿음이 없었기 때문에 조금은 의아해 했다. 지금까지 강화도 삼산면 석모도 해명산 온천시추공사에 내 퇴적금으로 지급각서를 쓰고 공사를 했다는 말을 한 일이 없었기 때문에 이해하지 못했다. 이젠 정확히 고백하자. 사실 해명산온천 시추공사를 몇 달전에 내 퇴적금을 지급각서를 쓰고 대금 대체해서 시추공사를 계속 추진해 왔다고 털어났다. 그런데 이상하게 내가 염려했던 것 보다 크게 놀라지 않는 모습이다. 그렇지만 당황하는 모습은 역력했다. 나는 사실 아내의 꿈에 라도 하나님이 보여주어 부드럽게 넘어 갈수 있기를 바라고 있었다.

「하나님이 하신 일은 하나님이 책임을 지신다」음성이 있으신 지하루 가고 이틀이 지나고 있었다. 그후 하나님 아버지께서 해명산 온천 공사현장에서도 별다른 소식이 없다. 대금 지급 날자는 계속 다가오고 있다. 소식이 없으니 잠자리에 들면 잊어 지지만 시간이 가면서 불안하고 궁금증만 더해 갔다. 하나님 말씀은 있었지만 시간이 가면서 온통 머리에는 공사대금을 어떻게 해야 하나 염려가 되었다. 그러나 예전처럼 많은 걱정과 염려는 되지 않고 평안했다. 오직 하나님아버지 향한 기도는 계속되었다. 말씀이 있으신 지 3일째 되는 날이 왔다. 오늘이 대금을 지급하기로 약속한 날 오전이었다. 강화도 해명산기도원 목사님에게서 사무실로 전화가 왔다. 할렐루야.

「오형. 돈이 왔어.(목사님)

무슨 돈이 왔어요? 돈이 왔다니까. 껄-껄 껄(목사님)

있잖아. 김기용 사장에게 지급할 온천공사 비용이 왔어(목사님)

무슨 말씀이세요. 온천시추공사 대금이 왔다구(목사님)

그렇다니깐. 온천시추공사 대금이 왔다구요? 그래요.

그래(목사님) 그런데 돈이 얼마가 왔어요?

정확하게 시추공사 지급할 금액만큼 왔어(목사님) 아~ 그래요.

누가 그 돈을 보냈어요 누가?

그것은 알 필요 없고, 아마 하나님이 보내셨을 걸 ~ 껄껄껄(목사님)

그 돈을 받아서 이미 개포동 김기용 사장에게 공사대금을 지급했다고 했다. 할렐루야.

오형, 그러니 지난번 사무실에서 작성한 지급각서를 찢어버려 라

고. 알았지(목사님 그 말씀 한마디에 사무실에 보관하고 있는 지급
각서를 찢어 버린 것이 두고두고 후회하고 있다. 증거자료가 되는
데)

높이 높이 날뛰며 기뻤다. 한량없이 기쁘고 기뻤다.

기쁘고 기쁘도다 항상 기쁘도다

찬송이 계속 나온다. 나 캄캄한 어두운 밤길을 방황했으나, 주 크
신 은혜와 사랑으로 어둔 밤을 떠나보낸 기쁨으로 하루를 보냈다.
남모르는 기쁨을 홀로 새기면서 길을 걸어도 하늘을 향해 둥둥 떠
있는 것만 같다. 이리 보아도 저리 보아도 내 세상이다. 감사합니다.
감사합니다. 홀로 좋아 콧노래를 부른다. 우주만물을 주관하고 계신
분이 나의 아버지이신데 무엇이 두렵고 불안할 것인가. 이젠 나의
앞날은 탄탄대로로 감사만 있을 뿐이다. 무엇이든지 구하면 주실 것
이요 두드리면 열릴 것이요 찾으면 찾으리라 확실한 답을 얻었으니
행복하고 감사하다.

오후시간 내내 내 마음은 싱글벙글 퇴근시간이 어떻게 된 줄도 모
른 채 운동장에서 바라보는 해는 북한산 너머로 지려한다. 하늘에는
서서히 캄캄함 어두움을 드리우고 있을 때 집으로 돌아왔다.

집에 돌아와 해명산기도원 온천시추공사에 대한 자세한 진행사항
을 아내에게 말했다. 아내는 무덤덤한 표정으로 받아 들였다. 그러
나 퇴적금 지급각서에 대한 본인과 상의를 하지 않고 작성한데 대해

매우 섭섭함이 있는 것 같았다. 아내와 먼저 상의했더라면 작성이 가능했을까? 퇴적금 지급각서를 작성한 것도 이 세상을 주관하고 계신 하나님의 계획이 아니었을까 믿어본다.

주님께서는 이번 온천공시추공사를 통해 더욱 큰 믿음을 가지도록 하셨다. 또한 살아계신 하나님이 우리가 살아가는 세상을 주관하고 계심을 기록할 수 있도록 하신 것이 아닌가 한다. 그렇게 해서 강화도 삼산면 매음리에 있는 온천사업이 시작되었고 지금도 계속 추진되고 있다. 이제 주변에 더 많은 온천공이 개발되어 많은 양의 온천물이 생산되어 무료이용을 하고 있으나 보다, 확실하게 사업이 마무리 되어 하나님께 영광을 돌릴 수 있는 그날이 속히 오기를 기도하고 기대한다.

이제 22년 이상의 너무 많은 세월이 흘러서 온천개발에 대한 아쉬움이 많지만 하나님이 계획하신 일은 반드시 성취하신다는 확신을 갖는다. 하나님 말씀을 향한 믿음과 열정으로 온천사업을 시작했고, 그 열매가 풍성하게 맺기를 소망했는데 아직도 진행형이니 아쉽기는 하지만 그래도 믿는다.

초기에 하나님이 하신 일이니 모든 것이 순조롭게 추진되리라 믿었건만 또한 89년 초기에는 주변에 땅 30만평을 구입해 하나님의 놀라운 역사를 이루고 그 증거를 온 누리에 전하는 것이 목적이었고, 조금 더 시간을 두고 지경을 더 넓혀 100만평을 토지를 구입해

교회도 짓고 숙소도 크게 지어 이 세상에 힘들고 어려운 성도들을 모아 무료로 평안히 누릴 수 있도록 하고 싶은 원대한 포부도 가졌건 만 이루지 못하고 있다.

아직도 강화도 삼산면 석모도 해명산에는 하나님의 원대한 계획이 진행되고 있음을 확신한다. 그 계획은 전능하신 분의 계획이니 그 누구도 이를 막을 수 없을 것이다. 원대한 계획을 하나하나 이루어 갈 그 모습을 믿음으로 바라본다. 그 아름다운 열매가 열리는 날 기뻐 날뛰며 춤추며 찬양할 것이며, 우리의 삶을 주관하고 계신 하나님아버지께 영광을 크게 돌릴 것이다.

해명산 온천수 분출

33

새 하늘이
열렸도다

– 동해바다가 변했도다

보라 내가 새 하늘과 새 땅을 창조하나니 이전 것은 기억되거나 마음에 생각나지 아니할 것이라(사 65:17) 하늘은 기뻐하고 땅은 즐거워하며 바다와 거기 충만한 것은 외치며, 밭과 그 가운데 모든 것은 즐거워 할 찌로다. 그리할 때에 삼림의 나무들이 여호와 앞에서 즐거이 노래하리니(시 96:11-12)

새 하늘과 새 땅과 바다가 2004년 8월17일 화요일에 열렸다. 깊고 짙푸른 속초 바다와 항구를 두른 설악의 봉우리와 드넓은 바다를 바라본다.

　새벽비가 조금 내려서 그런지 조금은 쌀쌀하다. 오늘은 여름휴가 이틀째 되는 날이다. 매일 잠에서 깨면 하루의 시작이고 아침인데 왜 오늘 아침은 이렇게 변해 있을까? 속초해수욕장 인접에 있는 숙소 창문을 통해 바라보는 세계는 밤새에 감사로 변해 있었다.

「눈으로 바라보는 세상은 새 노래로 여호와를 찬양하고 있었으며, 온 땅은 노래에 맞추어 춤을 추고 있다. 하나님이 창조하신 이 세상은 참 좋고 아름다웠다. 이 좋은 세상을 누굴 위해 만들어 놓았을까 주님이!」

　휴가 첫날인 어제 보았던 동해의 푸른 바다가 밤사이 모두 다 변해 있다. 검푸른 동해의 푸른 바다가 넘실대며 춤을 추고 있다. 지평선 저 너머에 끊임없이 파도가 밀려오고 있다. 짙푸른 바다를 바라보니 마음속 시름을 거두어 가는 듯하다. 꼭 소망을 담아 오는 듯한 모습으로 철썩 철썩 우리를 향해 다가오고 있는 것만 같다. 밀려오는 파도소리가 주님이 귓전에 대고 속삭이는 것만 같다.

　보라 내가 새 하늘과 새 바다를 창조하나니 이전 것은 기억되지 않고 새로운 것이 마음에 생각나게 할 것이라고 한다. 속초에서 하룻밤이 이렇게도 큰 변화의 밤이 될 줄이야! 하룻밤 사이에 세상을 누가 이렇게 바꾸어 놓았을까?

분명 어제 내가 바라보았던 그 바다는 분명히 아니다. 왜 이리도 많이 변했을까? 이 많은 바다 물을 담을 그릇을 누가 만들었을까? 이 많은 물을 누가 만들었을까? 저 많은 물에 그리도 아름답고 고운 푸른 물감을 누가 만들어 넣어 놓았을까? 깨어져서 부서지는 저 파도는 누가 만들었을까? 저리도 많은 물을 누가 썩지 않게 했을까? 깊고 깊은 저 바다에 저리도 예쁜 돌을 누가 옮겨 놓았을까?

그대! 그리움이 사무치도록 유유히 날으는 저 갈매기는 누가 만들어서 날게 했을까? 저 깊은 저 바다에 낙엽처럼 떠 있는 저 배는 누가 만들었을까? 해변에 금빛 모래는 누가 만들어 놓았을까? 해변에서 바라보이는 동해바다가 수많은 궁금증으로 다가온다. 왜 갑자기 궁금한 사항이 이렇게도 많을까? 참 이상하다.

태초에 하나님이 하늘과 땅을 창조하셨다

그 날 바닷물을 만들어 저리도 큰 그릇에 채우셨다

큰 그릇과 작은 그릇을 만들어 놓았다

깊고 깊은 큰 그릇에 검푸른 물빛으로 채워 놓았다

큰 그릇 3개와 작은 그릇 2개를 만들어 놓았다

태평양(the Pacific Ocean)

대서양(the Atlantic Ocean)

인도양(the Indian Ocean)

남극해(the Antarctic sea)

북극해(the North Sea)

그 이름을 3양(洋) 2해(海)라 했다

철썩 철썩 저 파도가 없다면 어떻게 됐을까, 세차게 밀려오는 태풍이 없었다면 어떻게 되었을까? 저 멀리 있는 저 많은 바닷물을 뒤 섞을 때 어떻게 하려고 그리도 정성 들여 파도와 태풍을 만들어 놓았다.

큰 그릇에 담긴 깊고 짙 푸른 물과

작은 그릇에 담긴 푸른 물을 뒤 섞고 있다

저 멀리서 세찬 비바람을 만들어

태풍이 불어오고 있다

부패(腐敗)도 하지 말고 썩지도 말라고

그것도 미덥지 못해 온 바다에 소금(3%)을 뿌려 놓았다

그 이름이 3양(洋) 2해(海)라.

망망 대해(大海)에 홀로 있는 저 섬과 저 암초가 없다면 어떻게 됐을까? 검푸른 수평선 아득히 보이는 저 바다에 해천을 오가는 갈매기 없다면 세상으로부터 외면 당해 서러운 저 신세 되어 쓸쓸하고 외로워할까?

검푸른 바다위에 군데 군데 조각돌을 세워 놓았다

파도와 어우러져 노닐며 부딪쳐서 합창한다

지치고 곤한 고기잡이 어부 그림 한폭 벗 삼아 피로 풀라 한다

늦은 밤 길 늦어 길을 잃어 헤매일 때 엄마품 항구 찾아 가라 한다

가족 그리움에 지쳐 있을 때 유유히 해천(海天)을 나는

저 갈매기 벗 삼아 외로움을 달래라 한다

푸른 해변에 드넓게 깔아 놓은 깨알 같이 세 모래와 자갈로 메워놓았다. 세찬 바다 물에 일으키고 누워 씻기어 곱고 둥글게 제 모습을 갖춰 놓았다. 저 자갈에 사연도 많으련만 밀려오는 바닷물에 지친 몸을 이리저리 굴리고 있다. 그리도 굴리던 자갈들의 몸에 묻은 피는 바닷물에 씻기어 흘러 간지 오래되었나 보다. 지친 파도에 맞추어 싸악싸악 소리 내어 울고 있다. 푸른 바다 해변에 깨알 같은 세 모래와 곤한 자갈이 그리워 찰싹 찰싹 씻기는 이 노래를 어디에서 들을 수 있을꼬?

깨알보다 더 작은 금빛 모래를

이다지도 아름답게 펴 놓았다

이글거리는 햇살을 향해 반짝이고

헤치고 패이면 잔물결 밀려와 고르고 있다

저 넘어 지는 해 바라보며 하나씩 하나씩

갈고 또 갈고 있다

싸악싸악 해변에 자갈돌 굴러 가는 소리

귓전에 들러오면 가 던님 멈추어 있다

지치고 곤한 저 파도는 언제 멈추어 오리오!

하나님이 창조한 이 세상 감사함이 한장 한장 파노라마처럼 넘어 간다. 만물에 감사하고 만사가 아름답다. 한량없이 감사하고, 감사하다. 아·아 그래서 하나님이 그 지으신 모든 것을 보시고 보시기에 심히 좋았더라고 말씀을 하셨구나.

할렐루야.

하나님이 말씀하신 세계는 어제나 오늘이나 동일한 이 세상이 왜! 하루사이에 이리도 많이 변했을까? 처음 느껴보는 순간이다. 수 없이 바다도 보아왔고 해변도 거닐어 보았지만 고교 3년을 항구도시에서 공부도 했건만 이러한 경험은 없었다. 내 아버지 하나님의 지으신 그 솜씨를 무엇보다 크고 크도다. 내 작은 입으로 무엇을 어떻게 다 표현하리오.

할렐루야.

– 산천도 초목도 변했도다

보면 볼 수록 아름답고 아름답다.

마음에 새기면 새길수록 오묘하고 오묘하다.

깊이 생각하면 할수록 놀랍고 놀랍다

모든 것이 나를 위하여 만드셨다고 생각하니 한없는 내 아버지의 사랑을 무엇으로 갚아야 될지? 아! 하나님의 은혜로 이 쓸 데 없는 자를 왜 구속하셔서 이 좋은 세상에서 하나님의 사랑을 받고 살게 하는지 알 수 없었다. 서울로 오는 길에 우리는 속초 시내를 벗어나 국도로 들어섰다. 한껏 우거진 나무숲 사이로 향기로운 늦여름 풀내음이 우리를 반긴다. 푸른 숲 사이로 우뚝 솟은 잣나무와 소나무에 여름도 시원하다. 내 눈을 들어 두루 살피니 산악이라!

아름답고 아름답다 봉우리, 봉우리

오묘하고 오묘하다 골짜기, 골짜기

한 폭에 한 땀, 한 땀 수를 놓았다

풀이며 나무이며 한 수 한 수를 그리도 아름답게 펼쳐 놓았다」

떡갈나무 · 상수리나무 · 사철나무 · 잣나무 수많은 나무들을 그리도 조화롭게 심어 놓았다.

떡갈이라 했던가! 푸른 손 곱게 펴고 하늘을 가리고 있다

솔솔 부는 늦 여름 바람에 나부끼고 있다

이 바람 스쳐가면 이 내몸은 늙고 늙어 야위어 떨어진다

풀 벌레 울어대고 하늬바람 불어 올 때면

홀로 지쳐 뒹구는 낙엽되어 있을 것이지

잣나무라 했던가 홍송(紅松)이라 했던가

그리도 하늘 기개가 높아 하늘만 바라보고 간다

그대! 늦은 봄 샛바람 불어오면 수꽃 이삭 암꽃 이삭

함께 어우러져 단성화 이룰 때면 잣열매 알알이 맺혀

하늬바람 높새바람 불어오면 내년을 기약하고 떨어지겠지

아아! 내 아버지의 지으신 그 솜씨 높고 깊도다. 한없는 내 아버지
그 사랑에 눈물겹도록 감사하다. 나무 한그루 어느 풀 한포기 소중
하고 귀하지 않은 것이 없다. 어떻게 이렇게 조화를 이룰 수 있을까?
내 아버지 아니시면 누가 이렇게 이 세상을 창조할 수 있으리오.

마바람이 불어온다

내 아버지가 보내신 시원한 바람이다

눈을 들어 산을 보니 이 나무 저 나무 얼싸안고 춤을 추고 있다

새 들이 노래를 한다

이 산과 저산에서

이 골짜기서와 저 골짜기에서

여호와 앞에서 산악이 함께 즐거이 노래할지어다. 할렐루야.

마파람 불어오더니 풀잎이 나를 반기고 있다

내 마음은 어느새 싱그러운 풀잎에 젖었다

나 그대 위에 앉아 있을 때 나는 행복했단다

언제든지 그대는 가슴을 활짝 열고 날 안아 주었다

이제 그대에게 그리움 심었으니

기다리는 이 있어 떠나가련다

그대 곁을

굽이굽이 물이 흐르고 있다

한 방울 한 방울 모아놓았다

이 물은 나에물 저 물을 너에물

아름드리 안고 흐르고 있다

굽이굽이 졸졸 길을 따라 간다

한잎 두잎 낙엽을 띄워 놓았다

서로 얼싸 안고 두둥실 춤을 추고 있다

물은 줄기 따라 흐르고 있다

흘러가는 물줄기 잡아 놓았다

만나서 반갑다고 얼싸 안고 있다

가는 길 쉬어가라고 한돌두돌 세워 놓았다

돌멩이에 허리를 휘감아 흐르고 있다

그리도 맑도다 내 아버지 물

얼굴을 물에 살포시 담가 본다

일어서서 껄껄 웃었다

내 아버지 그 사랑에 울어버렸다

참 아름다워라 주님의 세계는

내 아버지의 지으신 그 솜씨 크고 깊도다

여호와 앞에서 큰 물이 박수하며 산악이 함께 즐거이 노래할찌어다(시98:8)

하나님 은혜를 어찌 말로 다 할 수 있으리오. 나무 한그루, 풀 한포기, 물 한방울이 너무도 소중하고 귀하다.

산천도 초목도 새것도 되었다. 옛것은 지나고 새사람이로다. 주님을 모신 맘 새하늘이로다. 오늘도 내일도 주 함께 살리다(찬493)

산천도 초목도 변했다

씨 가진 열매 맺는 나무를 내니 하나님이 보시기에 좋았더라 (창1:12)하나님이 그 지으신 모든 것을 보시니 보시기에 심히 좋았더라(창1:31)

할렐루야.

〔★가라사니 /美 사진작가 조지 커빙턴 이야기〕

사진작가 조지 커빙턴은 선천성 시각장애인이다. 그는 태어날 때부터 왼쪽의 눈은 시력을 상실했으나 오른쪽 눈에 5% 가량의 부분시력만이 있었다. 선천성 시각장애인인 그가 사진작가로 활동하게 된 계기는 텍사스 오스틴대학 재학중이던 1967년부터 교외 사진촬영에 참가했다가 사진의 매력에 빠져들면서부터 맨눈으로 거의 볼 수 없었던 자연 경관을 사진으로 찍어 인화한 뒤 확대경을 통해 사진을 들여다보면서 하나님의 놀라운 창조의 비밀을 알았다. 아름다운 자연 풍경속에 하나님의 창조섭리가 있음을 깨닫고 인생관을 긍정적으로 갖게 되었다 한다. 그는 말했다.

「보통 사람들은 사진을 찍기 위해 세상을 보지만 나는 세상을 보기 위해 사진을 찍는다」

34

단체 부회장을 만나다

내가 여호와를 항상 내 앞에 모심이여 그가 내 우편에 계시므로 내가 요동치 아니하리로다(시16:8) 사람아 주께서 선한 것이 무엇임을 네게 보이셨나니 여호와께서 네게 구하시는 것이 오직 공의를 행하며 인자를 사랑하며 겸손히 네 하나님과 함께 행하는 것이 아니냐(미6:8)

오늘 나의 일과가 어떻게 될 지 도무지 모른다. 직장인이 너무 무계획적이고 무책임한 생활을 한다고 들릴지는 모르지만 솔직히 나는 그렇다. 어느 직장인이든 마찬가지지만 매일 일과는 그날그날 일정을 점검하고 계획을 수립하여 시행하는 것이 통상적인 일이다.

그러나 그 일정이 수시로 변하여 뜻하지 않는 일로 어려움을 겪게 되는 경우도 많다. 이렇듯 한치 앞도 바라볼 수 없는 것이 우리인생이기에 오늘도 주님의 뜻대로 인도하여 영광을 돌리는 귀한 삶을 살게 해주시라고 기도드린다.

우리가 아직 죄인 되었을 때에 그리스도께서 우리를 위하여 죽으심으로 하나님께서 우리에게 대한 자기의 사랑을 확증하셨느니라(롬5:8)』너는 내게 부르짖으라 내가 네게 응답하겠고 네가 알지 못하는 크고 은밀한 일을 네게 보이리라 (렘 33:3)

『색동어머니 동화구연가회 부회장을 만나게(2011. 3. 16) 되다』

색동어머니 동화구연가회는 2002년 재단이 설립되고 얼마 되지 않아 서울여성플라자의 대관시설을 이용하면서 계속적인 교류를 통해 알게 된 단체이다. 색동어머니 동화구연가회와 오랜 기간 교류와 협력이 지속되었기에 그 단체의 많은 간부를 알고 있었다. 그 단체는 월례간부회의가 매월 하순에 개최되는 것으로 아직 회의가 있을 수 없었다.

그런데 오늘이 3월 16일인데 아직 회의가 있을 일이 없는데 왜 갑자기 주님께서 색동어머니 동화구연가회 부회장과의 환담하는 모습을 보여주시는 것일까?

혹시 잘못 보여주신 것이 아닌가 했다. 이제 20년 이상을 주님일기 기록을 지속해온 일상적인 일이 되었기에 잠자리에서 일어나 노트에 기록했다. 하루에도 수많은 여성단체가 서울여성플라자에서 회의와 세미나, 워크숍을 하고, 참석한 많은 지도자들이 근무하고 있는 사무실을 방문하여 환담을 하고 돌아가는 여성지도자가 많은데 자주 방문하는 사람도 아닌 그 지도자와 만나게 되는 모습을 보여주실까 생각하며 또 하루를 시작한다.

아침에 출근하여 직원들과 함께 아침체조를 한다. 이어서 직원들과 업무회의와 몇 가지 결재를 하고 평상시와 달리 슬리퍼를 신고 사무실이 있는 5층 화장실을 향해 가고 있었다.

지금까지 한번도 5층 복도에서 회의하는 색동어머니 동화구연가회 임원들을 본 일이 없는데 오늘따라 모여 간담회를 하고 있다.

언제나 사무실 복도에서도 단정한 복장과 구두를 신어 방문자들에게 예의에 벗어나지 않도록 했는데, 오늘은 평상시와 다르게 슬리퍼를 끌고 있었기에 그 자리를 빨리 피하고 싶었다.

잠시 후 회의가 끝나고 색동어머니 동화구연가회 김부회장이 사무실로 찾아 왔다.

평시 다른 달과 다르게 갑자기 회의가 있었는지 여쭈었더니, 색동어머니구연가회에 시급한 협의사항이 있어 갑자기 이루어진 회의라 한다. 서울여성플라자 대관 신청을 했으나 회의 장소 확보가 어려워

부득이 5층 복도 탁자에서 회의를 하게 되었다 한다.

주님이 보여주신 사랑을 전해 주었더니 그 부회장도 몹시 놀라는 표정이었다. 일과의 하나하나를 인도하신 영원하신 주님 사랑을 다시 한번 깨닫게 되었다.

할렐루야.

■ 나의 갈길 다가도록

35

**강하고
담대하라**

내가 여호와를 항상 내 앞에 모심이여 그가 내 우편에 계시므로 내가 요동치 아니하리로다(시 16:8)

「외양간 황소가 큰 눈을 감았다 떴다 한다. 되새김질 천천하고 있다. 외양간 말뚝에 매여 있다」

새벽 미명(2001. 3. 23) 황소와 같이 큰 짐승을 보여주신 것은 오늘 하루를 살아가는 데 갈등이 있을 것을 미리 보여주신 것이다. 「아무것도 염려하지 말고 오직 모든 일에 기도와 간구로 너희 구할 것을 감사함으로 하나님께 아뢰라(빌 4:6)」는 말씀이다.

황소가 보이는 것은 평강은 아니고 마음에 상처를 받을 수 있을 것인데 황소가 풀려있지 않고 매여 있으니 크게 요동치지는 않을 것이다.

너무 염려하지 말고 기도와 간구로 주관자이신 주님께 아뢰면 승리하리라. 다시 말하노니 매며 있지 않고 풀러 있다면 마음을 감당하기 어려운 갈등과 상처를 입을 수도 있을 것이나 오늘은 그러한 것은 아닐 것이다.

내가 이것을 너희에게 이름은 너희로 실족하지 않게 하려 함이니(요16:1)오직 너희에게 이 말을 한 것은 너희로 그 때를 당하면 내가 너희에게 말한 이것을 기억나게 하려 함이요 처음부터 이 말을 하지 아니한 것은 내가 너희와 함께 있었음이라(요16:4)

항상 주님은 속히 일어날 일을 보여주시고 이를 통해 주님이 살아계심을 나타내신다. 오늘도 하루 일과 중에 반드시 이 사항이 있을 진행될 것이니 마음으로 준비하고 있어 기도해야 될 것이다.

이른 새벽에 자리에서 일어나 주님이 하신 보여주신 것을 주님일기에 기록한다. 오늘도 평안치 않겠구나. 마음이 무겁다. 무슨 일들이 있을까 염려를 하고 있다. 어느 때와 마찬가지로 아침 식사하기 전 기도를 한다. 매일 되풀이 되는 기도이지만 오늘은 더 많이 부르짖어 기도를 한다. 언제나 주님은 아침식사 전(前) 기도를 중요하게 여기는 것 같다. 그때 감동을 많이 주시기 때문이다. 나는 주님이 너무너무 좋다. 아버지하나님이 가장 많이 응답하여 주시니 말이다.

그래서 나는 아침 식사기도를 5분이상하고 때로는 10분 이상을 할 때도 있는 것 같다. 아내가 식사를 준비하는 동안 탁자 앞에 먼저 앉아 기도한다. 물론 음식에 침이 튀지 않도록 하는 것도 중요하다. 오직 주님만 향해 한다. 그래서 오늘도 평강의 하나님이 마음을 평안하게 해 주실 것을 믿고 기도했다. 상대방이 어떠한 모습으로 나올지라도 마음을 잘 다스릴 수 있도록 말이다. 식사를 마치고 자리에서 일어서 집을 나선다. 한 계단 한 계단을 내려간다. 무거운 발걸음으로 사무실을 향해 간다. 회사 가는 길에 교회성전이 있으면 얼마나 좋을까 생각도 해 본다.

한 번 더 기도하고 가면 좋을 텐데 아쉽다. 지난날 사무실 가는 길 성전이 있었을 때 몰랐지만 이전하고 나니 기도할 수 없어 아쉽고 안타깝다.

지금은 굳게 잠긴 옛 교회 앞을 지나 골목으로 간다. 붉은 담을 넘어온 석류나무 가지는 수줍은 듯 새싹을 감추고 있다. 기다림 없는 행운의 교통 파란신호로 건널목을 건너간다. 저기 가는 저 학생은 무엇을 그리도 많이 짊어지고 가는지 무겁기만 하게 보인다. 아파트 사이 언덕길을 지나 지난겨울 잘도 견디어 낸 공원에 있는 나무들을 바라본다. 출근시간이 늦을라 걸음을 재촉한다. 꽃망울을 터뜨리기 위해 수줍은 듯 서있는 백목련이 나를 반긴다. 정문 앞에 아저씨 어서 오라 한다.

한 계단 한 계단을 따라 올라간다. 이른 아침 환경미화를 하는 저 아주머니 참 고맙고 감사하다.

자리에 앉아 오늘 하루도 무사히 이어가길 기도한다. 직원들이 하나둘씩 자리를 채운다. 오늘 하루에 있을지도 모를 일들을 생각해 본다. 책상위에 널려 있는 것들을 이리 치우고 저리 치워 정리한다. 굳은 마음으로 단단히 각오하고 상급자실로 들어간다. 이미 몇 번에 걸쳐 검토 되었지만 곧 추진되어야 할 이사회 결산자료를 가지고 들어갔다.

이미 협의 보고되고 검토한 사안이고 특별한 사안도 아니어서 별다른 의견이 없었다. 그런데 전혀 준비가 되지 않는 곳에서 문제가 생겼다. 올 예산에 대한 세부사항에 대해 말을 하고 있었다. 작년에 이미 예산 편성하여 지도감독 관청에 승인까지 난 사안이라 별 관심을 가지고 있지 않았다. 더군다나 이건은 이미 확정된 사안이라 최근에는 전혀 검토를 해 보지도 않고 자료준비도 준비 안 된 사안이었다.

그 안은 세부적인 사안이라 기억하기도 어려워서 머뭇거린 사이 가슴속에 쉽게 지우기 어려운 질책을 받았다. 물론 모든 것을 꿰뚫어 알고 있어야 했으나 그것을 놓친 부분이다. 이유야 어떻든지 세부 내용을 몰랐으니 질책을 받는 것은 당연하지 않나 생각한다.

주님이 감사했다. 준비할 수 있었으니 말이다.

한편, 그 상황을 이미 주님이 보여주신 것이 있어 담대한 믿음을 가지고 있었기에 내 자신을 이길 수 있었다. 언제나 자기 자신을 이기지 못해 근심하고 염려하는 것이 아닌 가 한다. 사실 할 필요도 없는 근심걱정을 너무 많이 하기 때문이다. 너희는 마음에 근심하지 말라 하나님을 믿으니 또 나를 믿으라고 하신 주님 말씀도 있는 데 말이다.

주님이 먼저 보이셨으니 위안을 되었지만 마음에는 상처가 되었다. 참으로 언제 어디서나 동행하고 계신 주님이 그때의 그 모습을 보셨으니 아들의 고통을 아셨으리라 믿는다. 오직 감사만 있을 뿐이다.

여호와는 내 편이시라 내게 두려움이 없나니 사람이 내게 어찌할꼬. 여호와께서 내 편이 되사 나를 돕는 자 중에 계시니 그러므로 나를 미워하는 자에게 보응하시는 것을 내가 보리로다. (시118:6-7)

이런 상황을 접하면서 나에게 작은 의문이 생겼다.

주님이 이런 일들이 있을 것을 미리 보여주신 것에 너무너무 감사한다.

아직도 어린애 같은 믿음이라 그러할까?

속히 일어날 일들을 보여주셔서 강하고 담대하게 대처하는 것이 무엇보다도 중요하겠지만, 이러한 일들을 아예 일어나지 않도록 해 주실 수 없을까 생각해 보았다. 철없는 아들에 생각인 것 같다.

한치 앞날도 모르고 세상을 무지로 살아가는 사람이 얼마나 많은데 사랑에 하나님이 내편이 되셔서 보여주시고, 인도하시는 것을 감사하지는 못할망정 또 무엇을 바라고 궁금하다고 하는가 생각할 때 주님께 죄송스럽다.

참 난 그 때 그 때 보여주시고 감싸 안아주시고 인도하신 주님이 계시니 더 무엇을 바라고 더 무엇을 얻을 려고 그러는가?

이 어찌 감사하고 또 감사하지 않는가?.

오늘도 무릎으로 기도하고 기도해서 선한 싸움에 이기고 승리했다. 오늘도 아버지하나님은 살아계셔서 나의 능력이 되시고 무엇이든지 해 주실 분이시니 감사와 영광이 세세 무궁하도록 있으시길 기도한다.

내가 궁금했던 사항들은 부족하고 허물 많은 아들의 영역이 아닌, 내가 생명을 다하는 그날까지 죽도록 경외하고 푼 아버지하나님의 영역인 것 같다.

또 믿고 또 믿고 의지하면서 아버지 하나님 모시고 살아갈 것이다.

아울러 이 세상을 마무리 하는 그날이 언제 도래할런지 나는 전혀 알 수 없다. 그러나 지난날 소망에 하나님이 음성으로 들려주시기를 너는 장수하면서 복을 받으라고 명했으니 아직은 많이 남아 있는 것 같다. 영광의 주님을 모시고 살아갈 것이다.

아무튼 이 세상 떠나는 날 주님이 주신 영광 면류관을 쓰고 기쁨으로 주님과 함께 찬송 부르고 거룩한 길 다닐 것이라 확신한다. 그리고 감사했다.

아멘.

8

주 예수 위하여 진실하리라

36

너 근심 걱정 말아라

내가 여호와를 항상 내 앞에 모심이여 그가 내 우편에 계시므로 내가 요동치 아니하리로다(시 16;8)

『사람을 보며 세상을 볼땐 만족함이 없었네. 나의 하나님 그분을 뵐땐 나는 만족 하였네. 저기 빛나는 태양을 보라 또 저기 서 있는 산을 보아라 천지 지으신 우리 여호와 나를 사랑 하시니 나의 하나님 한분만으로 나는 만족 하겠네 동남풍아 불어라 서북풍아 불어라 가시밭의 백합화 예수향기 날리니. 할렐루야 아멘 가시밭의 백합화 예수향기 날리니 할렐루야 아멘』(복음성가)

2012년 2월 6일 월요일 새벽 5시 20분 주님을 향한 찬송가이다. 이러한 은혜가 있을 때마다 무거운 짐을 지고 가는 하루를 시작한다.

주님을 향해 부르짖고 있지만 한편으로는 많은 염려를 하고 출근하게 되었다. 또한 근심과 염려가 없어지지 않고 마음이 상할 것이 불 보듯 뻔 하기 때문이다.

여호와께 피함이 사람을 신뢰함 보다 나으며 여호와께 피함이 방백들을 신뢰함 보다 낫도다(시118:8-9)

감사기관으로부터 감사가 2012년 1월 30일부터 2월 10일까지 2주동안 감사인력 7명이 업무 감사를 하고 있었다. 2월 6일 출근하였는데 갑자기 감사중간에 추가 감사인력 2명이 더 투입된다 했다.

전 직원들이 감사를 수감하는 데 지쳐 있으나 특히 감사를 총괄하고 있는 우리부서 직원들이 고생이 많았다.

평일과 토·일요일도 쉬지 못하고 자료를 작성해야 하고 본인이 담당하는 업무를 직접 수감하는 데에도 많은 어려움이 있었다.

주님은 언제나 방백들을 의지하지 말고 오직 주님만을 의지하라고 말씀을 하셨다. 감사를 하고 있는 기관에도 많은 인적네트워크 있지만 그들을 의지하지 말라고 하신 말씀으로 오직 주님만 바라보고 나아 갈 것이다. 또한 주님이 이끌어 가실 열매를 바라보면서 말이다.

아무것도 염려하지 말고 오직 모든 일에 기도와 간구로, 너희 구할 것을 감사함으로 하나님께 아뢰라(빌4:6)

또 「너희 중에 누가 염려함으로 그 키를 한 자라도 더할 수 있느냐? 그런즉 가장 작은 일도 하지 못하면서 어찌 다른 일들을 염려하느냐(눅12:25-26)」말씀에 의해 감사를 굳게 믿고 나아갈 것이다.

수감을 총괄하고 있는 나는 매일매일 감사가 지속됨으로 예기치 않는 부적정한 업무추진 사항들이 계속 적출됨으로 인해 많은 염려를 하게 되었다.

내가 근무하는 기관의 대외적인 이미지 추락과 직전(直前) 감사기관에 근무했던 내 자신의 명예에 대해서도 염려를 하지 않을 수 없었다.

그러나 주님은 네가 염려할 것도 아니니 염려를 하지 말라고 말씀하시고 평안히 쉬라고 말씀하신다. 감사기간을 열심히 최선을 다해 감사를 수감했다. 감사 종합적인 결과를 정리하는 데에는 많은 시간이 필요할 것이므로 결과를 통보 받은 후에 주님의 선하신 뜻에 따라 마무리 할 것이다.

할렐루야.

〔★ 가라사니 /이부자리 체조하기〕

이부자리 체조하기 : 누운 채로 양발과 양손을 떨다. 누운 채로 손가락과 발가락을 마디 마디를 풀어준다. 누운 채로 발을 구른다. 자전거를 타는 것처럼 걷는다. 누운 채로 양발을 펴고 무릎 관절을 양손으로 감싸고 앞뒤로 반복운동하면서 항문을 힘을 주는 것을 반복한다.

반듯하게 양발을 펴고 무릎 관절을 양손으로 감싸고 반동으로 일어나는 반복운동을 하면서 일어나서 허리를 좌우로 틀어준다. 일어나 앉아 있는 자세로 허리를 좌우로 틀어준다. 양손을 뒤로 펴서 안정감을 갖고 고개를 좌우 흔들어 도리도리해서 목을 풀어준다. 목덜미를 양손을 번갈아 가면서 주물러서 풀어준다.

〔★ 가라사니 /아침식사 기도드리기〕

아침식사 기도드리기

하나님의 음성 곧 그의 입에서 나오는 소리를 들으라 들으라. 그 소리를 천하에 펼치시며 번갯 빛으로 땅 끝까지 이르게 하시고, 그 후에 음성을 발하시며 위엄 울리는 음성을 내시고는 그 음성이 들릴 때에 번개 빛을 금치 아니하시느니라. (욥37:2-4)

이부자리에서 일어나 잠시 기도하지만 아침식사기도 만큼 은혜를 체험하지는 못했다. 매일 아침식사기도는 시간을 일정하게 정하여 기도드린다.

당일 온가족이 행할 일과 소망하는 일을 주님께 소리 내어 기도하되 시간이 허락하는 대로 최대한 길게 기도한다.

「※식탁에 앉아 식사준비하고 있는 중간에 기도를 시작한다. 가족 식사시간 조절하며 기도하며, 음식물에 청결함을 유지하면서 기도해야 한다」

욥기서 37장 말씀처럼 기도하는 중에 **"하나님의 음성 곧 그의 입에서 나오는 소리를 들으라"** 입에서 나오는 소리를 귀로 듣고 하루를 그 말씀에 의지하여 살아간다.

내가 이것을 너희에게 이름은 너희로 실족하지 않게 하려 함이니(요16:1)

▌잘 가라 매미야 철쭉꽃 숲속에 쉬었다 가라고….

37

직장 감사
예배가
있던 날

대도시의 불빛 때문에 밤낮을 잊어버리고 울고 있다. 8월 불청객 매미 때문에 밤잠을 이룰 수가 없었다. 지난밤 창문틀에 붙어 울어대는 저 말매미 녀석이 그렇게 시끄럽게 울더니 새벽이 되었는데도 그칠 줄 계속 울고 있다. 2011년 8월 17일이다. 잠을 이루지 못해 뒤척이는 밤이 야속하기만 해 참으로 피곤하다. 피곤에 지친 몸을 이끌고 사무실로 가야 한다. 한걸음 한걸음 골목길을 걸어간다. 담쟁이로 덩굴로 감아 올린 담 너머에 길게 뻗은 석류나무에 송이마다 석류가 살포시 붉은 씨앗이 보인다.

둥그럽고 노르스름한 손길로 껍질을 감싸고 있다. 이 골목 저 골목을 헤치고 비좁은 골목길을 간다. 세상 삶을 살아가는 도회지 사람들 발걸음 바쁘다. 골목길을 스치고 지나가는 많은 사람들 목인사도 없다. 삭막한 도시의 생활이지만 따스한 정을 나누었으면 좋겠다. 무심코 보도블록 위를 걸어가노라면 이름 모를 여름매미들만 가로수에서 울고 있다. 노량진그린 공원으로 가는 언덕길이다. 급한 경사는 아닌데 오늘아침은 지치고 힘든 고난의 길이다. 고난의 이 길을 가야되는 인생길이 문득 슬퍼진다. 나의 인생은 무엇인가? 나는 왜 오늘도 이렇게 힘든 인생을 살아가야만 하나? 아버지 길이란 무엇인가?

할렐루야.

하루하루 길게 이어진 힘들고 지친 인생 짐이

아버지 어깨에 걸려 있다

주렁주렁 걸려있는 인생 짐을 한 번쯤 풀고나가

지치고 곤한 짐을 내려놓고 싶다

가슴속 깊은 곳에 묻어둔 무거운 사연들을

큰 소리 웃음으로 달랠 수 없다

어려운 일 닥치면 아들딸에 너털웃음 웃어 주고

홀로 가슴에 먹칠하며 근심하고 있다

즐거운 일 있을 때 아들딸에 큰 소리로 헛기침하고

가슴에 묻어 놓은 상한마음을 달랜다

힘들고 지쳐도 일터에 가야 된다. 한걸음 한걸음 옮기다 보니 글린 공원 앞에 다다랐다. 아직 이른 아침인데도 왜 이리 무더운지 푹푹 찌는 여름 찜통의 아침이다. 덥다 더워. 덥다 더워. 일터로 가늘 길이 고난의 길이기에 잠시 쉬었다 가야겠다. 아카시아와 참나무 푸른 숲이 가득한 공원으로 간다. 계단을 한 계단 한 계단 올라가니 땀방울이 얼굴을 적신다. 싱그러운 여름 아침햇살이 나뭇잎 사이사이로 살포시 얼굴을 내밀고 있다. 피곤하고 지친 몸과 마음을 상큼하게 한다. 그늘진 나무사이로 시원한 바람이 불어온다. 아름답고 좋은 아침 마음에 안식을 갖는 쉼의 시간이다. 쉼의 안식을 갖는 그 짧은 시간에도 불청객 매미가 숲속 나무 위에 악을 쓰며 울어댄다. 아카시아와 주목, 살구나무, 참나무, 소나무로 우거진 공원 숲속에 있으니 매미들의 공간이니 참자.

저들이 숲속에서 우는 것이 당연한 것이지 마음으로 위안을 삼고 앉아 있다. 문득 지난 밤 잠 못들게 했던 매미들이 생각난다. 얄미운 생각이 든다. 나무숲 어느 곳인지 알 수 없었던 매미 한 마리가 때마침 옆으로 날아와 참나무 밑동에 앉아 울고 있다. 가뜩이나 지난 밤 매미때문에 잠을 잘 수 없어 피곤에 지친 출근시간에 공원 숲 벤치에 잠시 쉬어 갈려고 하는 데 여기까지 와서 또 귀찮게 하고 있다.

에이. 요 녀석을 잡자.

살금살금 나무 옆으로 갔다.

매미는 아는 지 모르는지 악을 쓰면서 울고 있다. 가까이 다가가도 모르고 울고만 있다. 하나, 둘, 셋을 마음으로 구령을 붙여 매미를 잡았다. 손에 잡힌 매미가 날개를 떨며 울고 있다. 풀어 달라고 한다. 매미를 바라본다.

어릴 적에 내 고향 섬진강 변(邊)신작로에 초등학교에 갔다 오면 무더운 여름날에 시원한 산바람과 강바람 불어오고 있었다. 신작로 가장자리에 심어놓은 버드나무 잎 흔들릴 때 노래하던 그 매미는 어디로 갔을까? 그 정겨운 매미는 어디 가고 저렇게 시끄럽고 짜증을 내는 매미만 울어 나를 힘들게 하고 있다. 내 고향 섬진강 매미는 착하고 고운 목소리로 우는 매미였다.

때앗볕이 내리 쬐이던 어느 여름날이었지

그날은 반(半)공일 이었지.

선생님이 너무 너무 고마운 날 이었지

한 시간 빨리 집에 보내준 날 이었지

통학반 친구들과 신작로를 걸어서 집으로 가고 있었지

장날 아버지가 사다주신 새 신을 들고 걸었지

신작로 자갈밭에 발바닥이 무척이나 아팠지

발바닥이 아파 울 때면 찌르륵, 맴맴, 따~랑 따~랑

마음을 달래주는 사랑스런 매미 친구들 이었지

그 때 매미는 노래하고 은빛 섬진강은 춤을 추고 있었지

까마득히 먼 지난날의 추억을 그리어 본다. 내 손 안에 있는 매미
는 연신 날갯짓을 하고 악을 쓰며 울고 있다. 매앰 매앰 매~애앰 울
고 또 운다. 서울에서 살아가는 여름매미는 무척이나 독한 가 보다.
도시에서 경쟁적으로 살아가는 인간들의 지독한 삶을 배워서 그럴
까 생각하니 서글픈 마음이 든다. 매미를 놓치지 않을 려고 몸통을
조심스럽게 잡고 사무실로 다가간다. 매미는 계속해서 날개 짓을 하
고 놓아 달라고 한다. 이젠 지칠 때도 되었고 울음을 끄칠 때도 되었
건 만 계속해서 날개 짓을 한다. 힘도 좋고 울어 대는 목청도 좋다.

사무실로 걸음을 움직일 때 마다 매앰 매앰 매앰 악을 쓰며 울어
댄다. 공원 아카시아 숲속에서 매미 짝을 찾으려고 노래를 불렀을
것인데 이제 나의 손에 붙들려 있으니 답답할 만도 하다. 이제 매미
힘이 지쳐 가는 지 세차게 날갯짓을 하던 것이 서서히 지쳐 간다. 공
원에서 잡을 때는 얄미워서 잡았는데 사무실로 한발 한발 다가가는
데 울어 대는 매미 소리가 구슬프게 들려온다. 서울여성플라자 정문
을 들어선다. 그렇게 목 놓아 울어 대던 매미가 지쳐있다. 가끔 조그
만 소리만 힘없는 날갯짓만하고 있을 뿐이다.

사무실 청사에 아침 출근하는 몇 명의 여성들이 엘리베이터에 타
고 있다. 이때다. 여성들이 타고 있다는 것을 어떻게 알았는지 힘이

없고 지쳐있던 매미가 울어댄다. 어디서 그런 힘이 왔는지 보지 못한 힘으로 날갯짓을 더욱 강하게 하고 악을 쓰며 울고 있다. 엘리베이터 함께 타고 있는 여성들이 한마디씩 한다. 놓아주세요. 풀어주세요. 그렇게 시끄럽게 들리던 우는 소리가 변했다. 생(生)과 사(死)에 대한 절규로 들린다. 매미 울음소리가 살려달라는 애원으로 들린다. 짧은 그 시간에 나의 귓전에 때리고 있다. 마음을 아프게 한다.

살려주세요

살려주세요.

미물인 매미의 한 마리이지만 만물이 그로 말미암아 지은바 되었으니 지은 것이 하나도 그가 없이는 된 것이 없느니라(요1:3) 주님 말씀이 마음을 움직이고 있다. 5층까지 올라가는 엘리베이터내의 짧은 시간이었지만 매미를 잡고 있는 나의 마음이 요동치고 있다.

그래!

매미 한 마리도 하나님이 창조하신 것인데 내가 죽여서 되나?

나를 괴롭게 했다고 내 마음대로 죽여도 되는가?

생명을 가진 매미를….

그래 생명을 가진 매미를 죽이고 살리는 것은 내가 결정할 수 있는 영역이 아니지 않는가?

흔들리는 마음을 주체 할 수 없다. 이윽고 5층에 엘리베이터 문이 열렸다. 미련 없이 저 하늘로 날려 보냈다. 그래 창공에 자유로운 몸이 되어 마음껏 울어 대라. 매미야 잘 가라. 힘차게 창공을 기상할 줄 알았던 매미가 날지 못한다. 힘차게 날갯짓을 하며 날아 갈 줄 알 았는데 날지 못하고 있다. 매미가 손에 잡혀 있는 동안 힘에 겨웠나 보다. 한없이 날갯짓을 하고 울어 대더니 지쳤나 보다. 빨리 날려 보 내고 싶은 데 날갯짓을 못하는 매미가 안타까웠다. 급한 마음에 5층 정원 철쭉 나무 숲속에 살며시 놓고 사무실로 왔다. 이제 매미야 돌 아가라.

이제 아버지 하나님 동행하여 왔으니 감사 기도들 드려야 할 시간 이다.

오늘하루 일과를 아버지께 말씀드려야 할 시간이다. 컴퓨터를 전 원을 켜 놓고 부팅되는 그 시간을 이용하여 감사기도 드린다.

할렐루야.

「하나님아버지 오늘도 동행하여 주심을 감사드립니다. 하 루 내내 아들과 함께 하시면서 주님께 영광된 삶을 살아가도 록 인도하여 주옵소서. 먼저 아침시간에 많은 직원들이 나와 함께 체조를 함으로 활기찬 하루를 시작할 수 있도록 해주세 요. 재단 모든 직원들이 업무를 지혜롭게 수행할 수 있도록 하시고, 특히 저희 부서(室)원들이 서로서로 협력하여 선을 이 루어 가도록 하소서. 수요일 신우회 예배에 많은 직원들이 참 석하도록 인도하시어 소홀함이 없도록 하시고 참석하여 예배

드린 직원들에게 은혜를 풍성히 내리시어 살아계신 주님을
만나는 시간되게 하소서. 예수님의 이름으로 기도드립니다.
아멘」

매주 기다려지는 수요 신우회 예배시간이다. 2002년 1월 재단을
설립하기 위하여 공무원 11명이 파견근무를 하게 되었다. 이들은 기
관의 직제와 조직을 만들어 업무를 개발하며, 각종 규정을 제정하고
운영인력을 채용하여 함께 근무하면서 업무 인수인계를 하고 1년후
서울시와 구청으로 파견복귀하였다.

매년 되풀이 되었지만 신우회를 설립하여 예배를 드려야지 했지만
작은 조직인 30여명이 근무하는 직원들 사이에 종교로 인한 파벌이
형성될 것이라는 직원들의 의견이 있어 신우회를 설립하기 어려움
이 있었다.

재단 설립 초기와 2006년에 조직이 변하고 다시 통합되는 과정에
는 여러 가지 일들로 인하여 신우회 설립을 생각하지 못하고 있던
중에 2008년 주님이 재단의 직원들을 모아 신우회를 설립하라는 임
무를 부여하여 서울시 공무원을 정책협력관으로 발령을 낸 것으로
믿는다.

협력관은 주님으로부터 귀한 사명을 받고 그 사랑을 실천하기 위
해 하루하루 직원들과 함께 신앙에 대해 의견을 교환하면서 이를 계
기로 찬양모임을 설립하게 된 것이다.

하나님의 사랑은 실천한 우정훈 협력관과 한난영 실장, 김형성 과장, 이성우 과장 그 외에도 많은 직원들의 수고로 「서울여성플라자 찬양모임」이 시작된 것이 조금 늦기는 했지만 그래도 너무 감사했다.

그분들의 수고가 없었더라면 더 늦어질 수도 있었는데 다시한번 그분들의 수고에 감사드린다. 플라자를 운영관리하고 있는 부서에서 찬양모임을 시작하게 된 것도 감사한데, 바쁜 와중에도 김형성 과장은 말씀자료와 예배순서지를 준비하고, 이성우 과장은 예배장소 예약과 찬양키보드를 설치하는 등 참으로 귀한 직분을 잘 감당하고 있는 직원들에게 하나님의 귀한 사랑이 있기를 기도한다.

매주 신우회 예배를 드리기 위해 오는 키보드 반주자 변성신 자매에게 참으로 감사드린다. 반주자 자매는 하나님이 보내주신 반주자이시다.

서울여성플라자 찬양모임이 시작될 무렵, 1층 출입구 벽보판에 공지된 키보드 반주를 위한 자원봉사자 모집을 보고 참여하게 되었다고 한다.

당시 서울여성플라자내 동작구 도시시설관리공단이 운영하고 있는 체육시설에 수영장 접수를 하기 방문했다가 우연히 키보드반주자 모집을 보고 체육시설접수는 하지 않고, 찬송가 반주를 위한 봉사자로 매주 예배참석을 하게 되었다 한다.

매주 예배와 찬송가 반주를 위해 참석하는 그 자매의 헌신적인 아름다운 모습에 귀한 사랑을 느낀다.

또한 주님의 사랑으로 함께 모여 예배드린 조영미회장과 회원들을 하나님이 얼마나 귀히 여겨 주실까 생각하니 마음이 뿌듯하고 감사하다.

매주 신우회원들이 따뜻한 사랑으로 서로의 어려움을 격려하고 중보 기도하는 그 시간이 얼마나 귀한 시간인지 모른다.

모든 일들이 주님의 사랑이 있기에 가능한 일이지만 회장의 헌신적인 수고와 노력이 있기에 가능할 것이다.

예배는 특별한 일이 없는 매주 수요일 12시에 드린다. 미리 준비한 예배순서지에 의해 사회자가 참석자들에게 통성기도를 시작함을 안내함으로서 신우회 예배를 시작한다.

이어서 찬송가를 부르고 기도 담당의 기도와 자료로 준비한 성경 구절을 지정된 성경 봉독(奉讀)을 하고 나면 찬송가 한 장을 더 부른다.

매주 교회에서 증거 된 유익한 말씀자료를 한 소절씩 읽으면서 말씀을 통해 은혜를 나눈다. 마지막 순서로 회원들이 한주를 보내면서 받은 은혜를 나누고 회원 간에 공유를 해야 할 나눔의 시간을 가지므로 예배를 마친다.

짧은 30분이지만 너무도 귀한 시간이다. 예수를 믿는 모든 직원들이 신우회 예배에 참석하여 함께 하나님께 영광을 돌리는 수요일이 되기를 바란다. 또한 회원들 한사람 한사람의 중보기도를 통해 각자가 겪고 있는 어려움을 주님의 사랑으로 해결 받기를 기도한다.

한편 매주 신우회 예배를 드리는 수요일이 일주일 중에 가장 기다려지는 요일이 되었다.

할렐루야.

쉬지 말고 기도하라 (살전5:17)

오산리 금식기도원 대성전 예배

38

오산리금식
기도원에서
울며불며

– 설날에 금식기도를

여호와의 말씀에 너희는 이제라도 금식하며 울며
애통하고 마음을 다하여 내게로 돌아오라 하셨나
니(욜 2:12)

그러므로 우리가 이를 위하여 금식하며 우리 하나
님께 간구하였더니 그 응낙하심을 입었느니라(스
8:23)

설날이다. 온 나라가 들떠 있는 이때에 나
는 지금 어디로 향(向)하고 있는가?

선물꾸러미를 사서 손에 들고 차에 가득히 실고 고향으로 가는 데, 나는 어디로 가고 있는가? 나에게도 고향이 있는 데….

나의 살던 고향은 어디인가?

고향은 마음의 안식처이고 영원히 안기고 싶은 따뜻한 어머니 품이다. 또한 일 년에 한 두번 설과 추석에 고향을 찾아 형제와 이웃들과 정감어린 대화를 하면서 즐거움을 함께 한다.

그러나 올 설에는(2008년 1월 27일) 기도원에 가고 싶은 데 어찌하랴? 주님께 사랑받고 싶은데 어떻게 할 것인가? 영원히 안기고 싶고 사랑스런 대화를 나눌 수 있는 곳, 온유한 음성을 들을 수 있는 곳, 간절히 오라고 부르시며 문 앞에 서서 기다리고 계신 곳, 오산리 금식기도원으로 간다.

예수님의 품으로 간다. 매일매일 계속되는 생활 속에 매주 교회에서 예배드린 삶이지만, 죄악 많고 허물 많은 이 땅에 살면서 죄로 물든 내 영혼을 깨우기 위해 간다. 갈급한 심령을 가지고 자비로운 주님 보좌 앞에 올라간다.

오산리기도원은 잠자는 내 영혼을 강한 주님명령으로 깨울 수 있는 영원한 안식처로 훈련소에 입소하는 훈련병처럼 정문에 서서 반가이 맞이해 주신 그분의 음성을 듣는다. 반갑다 내 아들아 내가 너를 기다렸노라.

영혼 문제, 교회문제, 건강 문제, 가족 문제, 형제 문제, 직장 문제, 각종 문제를 한보따리 싸가지고 끙끙대며 기도원으로 올라간다.

이번(2008. 2. 6~2. 8)의 금식기도 3일 동안 아버지하나님께 말씀드릴 기도제목이다. 섬기는 교회에 목사님·부목사님·전도사님 성령 불을 내려주시어 주님이 명하신 사역을 더욱 잘 감당하게 하시고, 기관과 구역의 장이 성령충만하여 기관과 구역을 잘 이끌어 갈 수 있도록 지혜와 명철을 더하여 부흥되게 하시고, 이를 통해 교회가 출석 인원 200명 이상 되게 해주시기를 기도할 것이다.

가족의 영·육간에 강건하게 하시고 성령 충만하여 주님이 주신 사명을 잘 감당하게 하소서. 하나님께 간구드릴 것은 교회와 가정과 가까운 친지, 이웃까지 기도제목을 컴퓨터로 20여 가지를 작성하여 가지고 기도의 동산으로 올라갔다.

특히 우선적으로 간구드릴 3개정도를 정하여 집중적으로 기도드리며, 나머지 기도제목들은 시간이 될 때마다 계속해서 기도드릴 계획을 하고 출발했다.

또한 금식기도를 들어가기 전(前) 집에서 금식기도를 하기 위한 준비를 일주일 전부터 철저히 한다.

금식은 며칠부터 시작하여 며칠을 할 것인지, 기도제목과 내용은 어떻게 할 것인지, 일정은 어느 목사님 일정에 맞추어 예배를 드릴 것인지에 대한 기도원 자료를 통해 분석을 하고 올라간다.

매년 두세 번은 반드시 금식기도원에 올라 갈급한 심령을 채우고 하나님께 기도드려 반드시 응답을 받는다. 얼마나 감사할 일인가?

세상에 이런 축복을 누군들 받고 싶지 않겠는가? 때로는 이러한 훈련을 통해 마치 스포츠선수가 동계 혹독한 훈련을 통해 본인의 역량을 키우는 것처럼 나도 그렇게 한다. 기도의 용사로 때론 주님 사랑 받기 위해 가지만 금식기도를 통해 주님으로부터 받고 얻은 것이 너무 많다.

금식기도를 갈 때는 우직하게 생각하고 반드시 "하나님께 응답받으리라"라는 것을 확신하고 올라간다.

기도원을 향해 가는 버스에서 주님의 사랑으로 귀한 형제분들을 만난다. 안녕하세요. 어서오세요. 매시간 운행으로 피곤에 지쳐 계실텐데 언제나 반갑게 맞이해 주시는 기사 성도님이시다. 참으로 귀한 일을 하고 계시니 하나님의 큰 사랑이 있으시길 빌어본다. 출발하기 전 테이프를 통해 들리는 하나님을 향한 기도는 더욱더 나의 이번 금식기도에 대한 결연한 의지를 담을 수 있게 한다.

날씨가 영하 6℃로 추운 날씨인데도 많은 성도들이 줄을 서고 있다. 기도원으로 가는 성도들 중에는 몽골과 중국을 오가면서 선교사역을 하고 계신 분과 좌석을 함께 했다. 선교사역은 언제나 어렵고 때로는 죽음을 각오하고 주님이 주신 귀한 사명을 감당하여야 하는 그분의 말씀에서 많은 것을 깨닫게 되었다.

훈련소에 입소하는 훈련병처럼 입소등록을 하고 명찰을 가슴에 차고 사랑의집으로 간다. 여러 번에 걸쳐 기도원에 왔지만 이번만은 한방을 36명이 이용해야 한다. 군대에서 일개 소대병력 정도 되는 인원이 한방을 이용하게 되는 데 참으로 이번에는 혹독한 훈련으로 이어지게 되겠구나 생각했다. 그러나 훈련이든 무엇이든 각오를 하고 올라왔으니 무엇인들 두려우며 어떠한 상황인들 감당치 못하리….

금식을 할 때마다 결연한 의지를 다지고 강한 부르짖음으로 아버지께 응답을 반드시 받으리라 확신과 믿음을 가지고 출발하기 때문에 염려는 없다.

나는 신기한 샘물을 이미 마신 자이니, 목 다시 갈하지 아니하고 속에서 솟아나, 생수가 되어 영원히 솟아 늘 풍성하리라.

사랑의집 36인실 2층 침상에 짐을 풀고, 하나님 아버지께 이번 금식기도에서 응답을 받아야 하는 프린트의 기도제목과 내용을 하나하나 꼼꼼히 아뢰어 말씀드린다. 그리고 전쟁에 임한 병사처럼 각오를 다지고 어떠한 경우에도 흔들리지 않도록 결연한 의지를 다진다.

사실 금식기도는 생명을 내놓고 주님께 부르짖는 것이 아닌가?

시간을 적당히 보낼려고 한다면 무엇 때문에 이 좋은 명절에 가족과 함께 여행을 가든 아니면 고향을 갈 것이지 여기를 기도원을 온단 말인가?

언제나 같은 마음을 가지고 오지만 때로는 같은 실(室)을 사용하는 분 중에는 현실을 도피하기 위해 오시는 분, 아내의 성화에 못 이겨서 오는 분, 휴식을 취하기 위해, 진실로 문제를 않고 나의 도움이 어디서 올 꼬, 길일고 방황하며 애통해 하는 분도 있는 것이다.

그러나 이유야 어떠하든 명절 이 귀한 시간에 기도원에 온 우리는 귀한 하나님의 사랑받고 있는 자라. 우리가 여기에 온 것이 내가 생각해서 올라 온 것이 아니요, 아버지께서 예비해 놓은 사랑을 이루기 위해 우리를 부르신 것이다.

기도원에 올라는 우리는 한 가지 아주 분명한 목적이 있다. 여호와여 내 기도를 들으시며 내 간구에 귀를 기울이시고 주의 진실과 의로 내게 응답하소서(시143:1)확실한 믿음이 있다. 왜. 우리는 하나님의 자녀로 약속말씀을 아버지께서 하셨기 때문이다. 이윽고 본격적인 하나님의 스케줄이 시작된다.

– 아버지,

이 샘에서 저 수정같이 빛난 샘물을 애타게 주님을 바라보며 사모하는 자에게 낱낱이 듬뿍 부어 주시고 한없는 사랑으로 안아 주옵소서.

대성전에서 하나님을 향하여 부르짖는 성도들에게 하늘에 새 문을 여시고 부흥의 문, 축복의 문, 치료의 문, 성공의 문을 활짝 열어 주시고,

하늘문과 하늘나라 보고가 활짝 열려 하늘의 신령한 복, 땅의 기름진 복으로 채워 주시기를 원합니다.

대성전에서 여러 번 예배를 드렸지만 정면에 보이는 시편 50편15절의 말씀이 유난히 마음에 닿았다.

『and call on me in the day of trouble;

I will deliver you, and you will honor me』

하나님 아버지께서 우리를 환난에서 건져주시고, 아버지께서 기뻐 하신 다는 말씀은 우리를 긍휼히 여기시는 하나님만이 하실 수 있는 큰 사랑의 말씀이 아닌가 한다.

나는 이번의 금식에서 30여 개나 되는 기도제목을 반드시 주님께 응답을 받겠다는 결연한 각오를 다진다.

36명이나 머무를 사랑의집은 기도를 할 수 없기 때문에 생수를 준비하여 기도의 굴로 간다. 결연한 의지를 담아 내 문제를 해결하기 위해 오신 하나님 아버지를 모시고 메모한 내용을 하나하나를 정확하게 말씀드린다

먼저 교회문제입니다.

우리 교회에 성령의 불을 내려주시어, 올해 안에 출석성도가 200명 이상 되게 하시고, 매달 재정은 3천만 원 이상 채워주시고, 목사님, 부목사님, 전도사님 성령충만하게 하시고, 교회 각 기관이 부흥되게 하시고, 성도들의 각 가정에 축복과 형통의 복을 주시고 십일조가 갑절이 될 수 있도록 하소서

우리 가정 문제입니다 공통사항으로 가족 모두가 영·육간에 강건함과 성령 충만 함을 주시고, 나는 직장에서 승리와 승진하게 하시고, 지혜 충만하고 자신감을 회복하며, 영어를 할 수 있는 능력을 주시고, 프리젠테이션을 잘 할 수 있도록 하소서

아내에게는 편두통을 깨끗이 치료하여 주시고 하나님께 영광돌릴 수 있도록 하시고, 마음에 평안함과 이웃을 돌아볼 수 있는 능력을 주시옵소서.

준섭이에게 매사에 할 수 있다는 믿음을 주시어 행정고시에 합격할 수 있도록 하시고, 동성이는 대학 졸업 후 2,500만원 이상의 연봉을 받을 수 있는 직장 취업과 자격증 3개 이상을 획득할 수 있도록 하게 하소서

장인 장모님 영혼구원을 할 수 있도록 도와 주시고, 이 땅에 사시는 날까지 강건하게 하시다가 인생을 마무리 하실 때 가장 아름다운 모습으로 천국으로 가시게 하소서

처남(妻男) 가족과 처형(妻兄)댁의 모든 가족 영혼을 구원할 수 있도록 도와주시고, 누님과 매형 가족의 영혼을 구원할 수 있도록 도와 주시고 그 가정에 흠 없고 깨끗한 물질로 채워주소서

큰 댁의 사촌들의 영혼을 구원하게 하시고 운영하고 있는 사업장을 축복하여 주시고, 특히 대한민국의 명예와 민주주의를 수호를 위해 월남전에 참전하고 육체의 병마로 인해 어려움을 겪고 있는 사촌 형님에게도 주님의 자비로 성령의 불을 내려 치료해 주시기를 간구

드렸다.

"내가 갈한 자에게 물을 주며 마른 땅에 시내가 흐르게 하며"(사 44:3)말씀하셨으니 아버지 하나님의 약속의 말씀을 믿고 사랑의 집으로 숙소로 돌아왔다.

사랑의집 202호는 36명이 숙실로 함께 사용할 수 있는 방으로 2층 침대가 18개 설치되어 있었다. 1층 침대에는 성도들이 이미 쉬고 있은 곳도 있고, 일부는 침대는 짐을 가져다 놓았다. 그러나 2층은 창문이 설치된 곳으로 성도들이 이용하기 위해 채워지고 있었다. 그런데 이번 나의 기도에는 영어를 잘 할 수 있도록 아버지께 말씀드릴 제목도 가지고 올라왔다.

내가 침대를 사용할 바로 옆 침대에 킹제임스 영어성경이 놓여 있었다. 참으로 반갑고 기뻤다. 역시 우리주님은 나를 위해 이분을 예비해 놓으신 거야! 성도님이 돌아오기를 기다리고 오는 데 두분이 들어오는 것이다

한 분은 내국인이고 한 분은 외국인이었다.

옆 침대에서 함께 금식할 내국인은 여의도순복음교회 해외선교단에서 봉사하고 계시는 엄홍식 집사님이셨다. 반가웠다.

집사님 하나님께서 집사님을 만날 수 있도록 하셨나 봅니다

이번 금식하면서 영어를 잘 할 수 있도록 하나님께 기도드리려고 기도제목을 가지고 왔는 데 집사님을 만나게 되었어요. 엄집사님도

매우 반가와 하시면서 하산(下山)하여 외국인선교사를 소개해 주겠다고 약속했다

- 신령과 진정으로 예배드려야

잠시 주님안에서 대화하고 3시예배를 드리기 위해 대성전으로 향했다.

3시예배는 울산순복음 초대교회에서 시무하시는 강용옥 목사님께서 말씀을 증거하신다. 사실 많은 목사님의 설교는 방송을 통해 또는 직접 참석하여 예배를 드리며 설교 말씀을 듣기는 했지만 강용옥 목사님의 말씀은 처음 듣는다. 멀리 울산에서 경기도 파주 오산리기도원까지 오시는 귀한 목사님이셨다. 하나님말씀을 사모하는 자로 온전히 예배를 드리고 싶었다.

성전은 이미 주님 찬양의 불덩이를 안고 있는 성도들이 치유되고, 주님이 사랑으로 굳은 문제가 해결되어 녹아져 내리고 있었다.

이윽고 귀한 목사님의 귀한 말씀 시편 23편에 의한 "회개하는 신앙"이란 제목이었다. 사실 울산을 아직 가보지 못한 나는 울산순복음 초대교회가 어디에 있는지 알 수는 없지만 초대교회 교회명이 너무도 순수하고 깨끗한 이미지가 마음에 와 닿는다.

아주 청순한 이미지에 차분하면서도 강력한 메시지를 전하시는 목사님 말씀에 많은 은혜를 받았다. 또한 하나님의 뜻하시는 바를 전

달하고 이루어 가는 귀중한 도구가 되고, 어둡고 찌들어진 삭막한 세상의 빛과 소금의 역할을 감당하는 귀한 사명자 역할을 다 하는 목사님이심을 깨달았다.

사랑의집 2층에 숙소에 돌아와 금식기도를 하는 교우들과 함께 해외선교와 역할에 대해 말씀을 나누면서 이 세상 끝까지 전하라는 주님의 명령을 어떻게 순종할 수 있을까 생각해 보았다.

아름다운 자연에 풀 한포기 나무 한그루, 한올 한올 그려진 잎의 조화이며, 오밀조밀하면서도 정연하게 심어진 자연, 산세와 돌의 한 돌 한돌을 제 위치에 심어 놓았는지 이 모든 것은 구상하고 설계한들 그 누구가 더 잘할 수 있으랴!

하나님의 창조역사를 감탄하지 않을 수 없다.

모든 것이 감사요. 주님 사랑이라.

명절인데도 원근 각지에서 온 성도들이 하나님께서 주신 말씀과 가정과 직장의 생활하는 공간에서 이루어온 행복한 인생, 신앙생활에 대한 체험들을 가지고 정감어린 대화를 나누는 현장의 모습에서 세상의 어느 모임과 다른 유익한 시간이었다. 이윽고 저녁시간이 되니 팔각정의 종소리가 들린다. 탱그랭 탱그랭….

사랑의집 기도 용사들은 자리를 정돈하고 성령의 옷을 입고, 허리에 진리 띠를 띠고, 머리에 면류관을 쓰고, 복음 신발을 신고, 왼손에는 믿음의 방패와 오른손에 성령의 검을 들고, 은혜가 풍성하고 가득하며 성령 불이 활활 타오르는 용광로로 들어간다.

활활활 타오르는 성령 불에 죄와 무거운 짐을 태운다. 설동욱 목사님께서 "네 하나님 여호와를 기억하라 그가 네게 재물 얻을 능을 주셨음이라 이같이 하심은 네 열조에게 맹세하신 언약을 오늘과 같이 이루려 하심이니라"(신9:18)의 말씀을 중심주제로 증거하였다.

대성전을 가득이 채운 성도들은 삶에 찌들고 병마와의 싸우며 살아가는 성도들에게 소망의 메시지를 전달하여, 소망의 하나님을 만나 일어날 수 있도록 했다. 활활 타오른 용광로에 성령 불을 넣어 육신의 병, 영혼의 병, 생활의 병을 태워버리고, 세상의 무거운 짐을 내려놓을 수 있도록 했다. 주님모시고 예배를 드릴 수 있어 얼마나 감사 했는지 모른다. 또한 귀한 설동욱 목사님은 귀한 말씀을 증거함으로 큰 은혜를 받을 수 있게 되어 너무 감사했다.

사랑이 집이다. 할렐루야.

오늘 예배 은혜 많이 받았어요?

예. 말씀도 좋았고요. 모두 좋았어요.

서로 아끼고 따뜻한 가슴을 가진 주안에 형제들이 정을 나눈다. 산상수훈 중 금식에 대해 생각해 보았다. 나의 몸으로 복종케 하는 것을 마음에 새기며 잠자리에 든다. 주님은 사랑하는 자에게 야곱의 꿈을 주시지 않으실까? 꿈에 본즉 사닥다리가 땅 위에 섰는데 그 꼭 대기가 하늘에 닿았고 또 본즉 하나님의 사자가 그 위에서 오르락내 리락 하고(창28:12)말씀을 굳게 믿어 본다. 사랑의 집 202호실은 불 이 꺼지고 모두들 곤한 잠을 청한다. 몸을 침상에 누이고 잠자리에 들어간다. 얼마나 지났을까?

밤의 정적을 깨우는 소리가 들린다.

제 1막 독주회
쉬이 – 쉬 쉬이 – 쉬
음 – 푸 음 – 푸
응 – 후 응 – 후

제 2막 아카펠라 합창곡 발표회
쉬이 – 쉬 쉬이 – 쉬
음 – 푸 음 – 푸
응 – 후 응 – 후
드르릉 드르릉
드르릉 드르릉 후~

제 3막 아카펠라 합창곡 발표회
쉬이 – 쉬 쉬이 – 쉬
음 – 푸 음 – 푸
응 – 후 응 – 후
드르릉 드르릉
드르릉 드르릉 후~

아~아 잠 못 이루는 긴~긴 이 밤을…

〔'아(a)'는 이탈리아어의 '알라(alla)'와 같은 의미로, '~으로' 또는 '~ 풍으로' 아카펠라(a cappella)라는 말은 '성당 풍으로' 또는 '성가대 풍으로' 라는 뜻이며. 16세기 유럽의 교회와 성당에서 불렀던 악기 반주 없는 합창곡을 이렇게 불렀음. 무반주 합창곡들을 작곡했던 까닭은 악기의 소리를 배제하고 목소리만을 취해 하나님에 대한 찬미를 더욱 순수하고 경건하게 하려 했던 것임〕

혼돈의 밤을보내고 안개가 자욱한 길을 따라 기도 굴로 들어간다.

먼 곳에 정적을 깨우는 개 짖는 소리 들린다

새벽 찬바람이 불어와 나의 옷을 여미게 한다

가로수 사이로 희미한 불 빛이 똑 똑 떨어진다

한걸음 한걸음 새벽 어둠을 가르며 굴로 들어간다

사랑의 주님께 구하고, 찾고, 두드리고...

주님을 향한 그리움이 묻혀 가는 새벽이다.

이 세상에서 숨죽이며 바라보는 수많은 어두움들이 이제는 걷어 달라고 소리 높여 부르짖는다. 영원한 주님의 품안에 살아가는 아들이 아버지를 향해 애원한다.

하나님 아버지여 아버지여 들으소서 그리고 응답하소서.

『사랑하는 내 아들아 내가 너를 사랑한다』

이튿날이다. 오늘은 설날이다.

 지난날 내 고향에는

「긴긴밤 잠 못이루고 기다리고 또 기다리는 설날 아침이었지
어머니는 부엌에서 딸그랑 딸그랑 설날 조상차례 상 준비했었지
떡이랑, 생선이랑, 과일이랑 조상차례 상에 차려 놓고 절을 했었지」

오늘이 설날인데 지금 나는 어디에서 무엇을 하고 있는가? 왜 나는 여기 기도원에 있는가?

지난날은 태초에 하나님이 말씀으로 천지 창조하셨던 것을 몰랐고 말씀이 하나님이셨던 것을 몰랐다. 만물이 그의 말미암아 지은 바 되었는지, 지은 것이 하나도 그가 없이는 된 것이 없는 줄 몰랐다. 그 안에 생명이 있는 줄 몰랐고 생명이 빛이 있는 줄 몰랐다. 그 빛

이 비치었으나 나는 그 빛을 깨닫지 못했다.

내가 어머니로부터 죄악 중에 태어난 줄 몰랐고, 내가 죄를 범하였으매 하나님의 영광에 못 이른 줄 몰랐다.

죄의 삯이 사망인줄 몰랐고, 예수가 나를 죄에서 구원할 자인줄을 몰랐다, 이제 나 깨달아 속죄함을 받았으니 내 맘이 새로워 죄의 길을 버리고 말씀에 서서 살아가려고 여기에 있다.

지혜로움으로 나를 가르쳤고 진리를 알지니 진리가 나를 자유 케 하는 믿음을 가졌으니 모두 다 주님이 주신 바라. 이 땅에 태어나면서부터 높음과 채움을 위하여 교육을 받았고, 그것이 참인양 살아왔으나, 그 욕망의 끝이 없으므로 매진하며 살다가 흙으로 돌아가는 나의 인생이니 아무리 수고한들 무슨 소용이 있으리까?

헛되고 헛된 이 세상에 예수로 나의 구주삼고 성령과 피로써 거듭난 내가 무엇이 찾고 찾는다 말인가?

오직 목자 되신 주님이 인도하는 대로 늘 따라 가겠다. 새벽에 내 영혼을 깨우는 팔각정 종소리를 따라 대성전으로 가면 꼭두새벽 세찬바람에 얼어버린 내 볼을 살며시 감싸 주는 주님의 사랑을 느낀다.

▌믿음 형제 새샘교회 안수집사 이남순 님

39

⋮

믿음 형제
이야기

1990년 늦여름 어느 날이었다. 세상에는 많은 사람들이 살고 있으나 숨을 곳도 없고 감출 것도 없다는 말이 실감난 하루였다. 2년 전, 삼성동에 있는 자동차등록사업소에서 자동차 검사업무를 담당하고 있을 때 업무를 통해 만났던 반가운 사람을 동대문 축구장 앞 노상에서 만났다. 그 당시 자동차에 각종 행정민원을 대행해 처리 해주는 그 였다. 그 곳을 떠나온 지가 3년이 지난 터라 반가와 잠시 짬을 내서 대화를 할 수 있었다.

지난날에 대한 회상과 주변 사람들에 대한 근황도 함께 소개하면서 전혀 예상하지 못한 하나님의 사랑에 대해 열정적으로 애기를 하는 것을 들었다.

자동차 업무를 하는 2년 동안 일주일에 두세번 이상은 만난 모습과는 너무 다른 모습이었다. 그 때 그 모습은 본인이 하고 있는 자동차행정 민원을 처리하여 돈을 벌기 위한 사업만을 생각했을 터 인데, 오늘은 그 때 그 모습은 온데 간데없고 오직 살아계신 하나님을 나에게 증거하고 있었다. 본인은 반가운 사람을 보면 감사해서 눈에 눈물이 계속해 나온다고 했다. 어떻게 해서 하나님의 사랑을 크게 받았는지 몹시 궁금했다.

왜, 그렇게 하나님 사랑이 감사한지, 어떻게 하나님을 만났는지 듣고 싶었다.

이남순 씨는 내가 87년 자동차등록사업소에 발령을 받기 이전부터 자동차행정민원을 대행해 주는 일을 해왔다.

서울시에서 운행되는 모든 자동차와 관련된 행정은 삼성동에 있는 자동차등록사업소에서 처리함으로 인해 사업소 주변에는 자동차와 관련된 업무를 대행해주는 사무소가 많이 있었다. 그도 업무대행 사무소를 운영하고 있는 사람이었다.

80년대 당시에는 서울에 승용차를 소유하고 있는 가정은 비교적 부유한 가정들로 차(車) 소유주들이 복잡한 자동차행정을 직접 접수

처리하지 않고 대행사무소에 의뢰하여 처리하는 것이 많았다.

그는 언제나 밝고 활달한 성격으로 사업소에 근무하는 직원들과도 좋은 관계를 유지하고 있었다.

사실, 당시만 해도 자동차의 각종업무는 대행사무소에 서비스를 받지 않으면 자동차관리법은 물론이고 관련세법을 비롯한 다른 법률까지 알아야 해서 행정절차가 복잡했다. 폭주하는 민원서비스 업무로 인해 매일매일 사업소 창구는 민원인들로 분주했다.

민원을 대행하는 사무실은 많았으나 이남순 씨가 운영하는 사무실은 좋은 인적관계를 가지고 있어 다른 사무실에 비해 많은 업무를 처리하고 있었다. 대행하는 업무가 많았으므로 경제적으로 윤택한 생활을 하고 있었다고 했다. 매일 행정서비스를 대행하고 수수료는 현금으로 결재하는 방식으로 거래하는 일들을 하다 보니 하루하루가 풍성했다 한다. 그러다 보니 자연스레 세상 재미에 취해 살 수 있었다 한다. 돈에 취해 세상 재미에 취해 살아가는 삶은 어느 누구와도 비할 데 없이 풍성한 생활이었나 보다.

그의 집은 장안1동에 있는 S교회와 인접하고 있어 하나님 사랑을 깨닫지 못한 그로서는 하루 생활하는 데 불편함이 많았다고 한다. 새벽마다 단잠에 자고 있을 그 시간에 많은 성도들이 교회를 찾고 있다. 일요일에는 많은 사람들이 예배참석을 위해 자동차를 가져오고 교회를 찾아오는 사람들로 인해 집 앞길에 교통이 체증되고 사람들이 붐비어 수없는 고통을 감내해야 했다 한다. 때로는 밤이 늦도

록 장안동 주변에서 세상 재미 즐기다가 집에 돌아와 단잠을 잘 려
고 하면 수요예배와 철야예배를를 드린다고 했다. 많은 예배와 집회
를 한다는 교회의 일정 때문에 도무지 잠을 이룰 수 없어 생활이 불
편하기 그지없었다고 했다. 지난날을 돌이켜 보면 새벽과 철야예배
찬송소리 때문에 시끄러워 고통의 나날이었다고도 했다. 참고 견디
다 못해 너무 힘들 면 교회에 수 없이 항의도 하고 112로 파출소에
신고도 하면서 대립하여 왔다고 했다.

　때로는 교회가 미운데 더 미운 짓은 수시로 성도들이 찾아와 예수
를 믿으라고 한다고 했다. 밤낮을 가리지 않고 시도 때도 없이 대문
을 두드리며 예수를 믿고 천국가라고 하는 그들의 모습이 너무 싫었
다고 했다.

　때론 예수 믿고 천국 가라니 너희들이나 잘 믿고 천국가라고 비아
냥을 놓기도 했다고 한다. 이른 아침 출근길에 회사로 출근하는 길
에도 피곤에 지쳐 집으로 돌아오는 길에서도 교회 성도들을 만났다
고 했다.

　이 세상에 살아가면서 매일 돈이 들어오니 무엇이 부족 하랴. 하루
는 즐기고 하루는 놀고 사는데 부러울 것이 없을 정도로 여유롭게
살았나 보다. 물질에 부족함이 없으니 세상 재미와 술에 취해 있었
다고 한다. 일하는 직업이 자동차관련 행정서비스사업이라 운전은
기본이고 세상 재미에 취하고 술에 취해도 자동차와 함께 하는 나날

이었나 보다. 당시는 대리운전이 많지 않아 음주운전을 하는 경우가 많았다고 한다. 단속이 되면 정석적인 방법이 아닌 다른 방법으로 해결했다고 한다..

그러던 어느 날이었다.

하나님이 부르실 예비한 날이 온 것이다.

1987년도 6월 중순경 청량리 인근에서 회사 가까운 사람들과 저녁을 먹게 되었고 식사시간이 길어져서 한잔 두잔 술을 먹게 되었으며 어느 때와 같이 즐거운 기분으로 운전을 하고 있었다 한다.

그런데 음주를 하면 기분은 좋아지고 운전감각은 떨어져 있어 옆으로 스쳐가는 오토바이를 발견하지 못하고 그냥 지나치고 말았다.

나중에 신고가 되어 경찰서에 갔으나, 사안이 크게 중요하게 생각하지 않았던 터라 평상시 하던 대로 물질로 해결하면 되겠지, 아니면 아는 사람에게 부탁해서 해결하면 되겠지, 편한 마음으로 기다리고 있었다 한다.

하루 이틀 사흘 시간이 흘러가는 데 마음은 급하고 답답함은 말로 표현할 수 없었다.

아무리 해결방법을 찾으려고 해도 해결이 되지 않고 계속해 시간만 흘러가고 있었다. 유치장에서 하루 종일 앉아 있는 데 내보내 주지도 않고 지루한 시간만 갔다고 한다. 아침 점심식사는 먹는 둥 마는 둥 열화(熱禍)가 치밀고 피곤한 시간은 계속되고 있었다.

마음에 근심걱정이 가득하다. 신속한 행정서비스를 생명으로 하는 사무실에 민원인들로부터 받아 놓은 예약민원도 있고 다른 할 일도 많은 데 왜 이리 이번에는 이일이 해결되지 않을까?

하루가고 이틀이 가고 가도 해결은 되지 않는 데 어김없이 오후 2~3시가 되면 가장 반갑지 않는 교회 여성들이 우르르 몰려왔다고 한다.

선생님 예수 믿으세요 예수를 믿어야 해결이 되요. 무슨 소리 예수가 밥 먹여 주요. 어떻게 해결해 주요? 참으로 듣기 싫은 이야기만 계속해서 늘어 놓는다. 그만 가세요. 유치장에 같이 있는 사람들이 똑 같은 말을 했다고 했다.

당신네들 아니어도 피곤하고 짜증나는 데 당신들까지 열 받게 하는 거요.

빨리 가세요 빨리 가세요. 다그쳤다고 했다.

어느새 하루 이틀 사흘 나흘이 지나도 일은 해결이 되지 않고 오후 그 시간에 또 다른 교회 예수쟁이들이 계속해서 들이 닥친다.

접촉사고로 오도바이 피해자가 있기는 했지만 경찰서에서 처리 할 수 있는 기한인 9일이 되어도 해결 기미가 보이지 않고 피해자와 합의를 할려고 했지만 그들과 도무지 소통이 되지 않았다고 했다.

자유의 몸이 아닌 갇혀있는 동안에 가장 기억에 남는 말은 선생님 예수를 믿어야 천국 갑니다. 이번 일도 예수를 믿어야 해결됩니다. 그들이 전해준 이 말들이 계속해서 귓전을 울리고 있었다 한다. 9일 이 되도록 청량리경찰서에서 사건은 해결하지 못하고 결국 성동구

치소로 이송되었다고 한다. 열흘이상을 갇혀있는 몸이 되어 가족에게 한없이 고통과 근심을 안겨 주고 사무실 직원들과는 일을 함께 하지 못하는 부족함으로 인해 미안한 마음이 더 했다고 한다. 성동 구치소에 이송된 후에 하루하루 날자가 지나가 20여일이 지나고 있을 때 몸도 마음도 지쳐있을 때 마포염리동에 있는 감리교회에서 어떤 여성교인들이 구치소를 찾았다고 했다. 그날도 예수이름을 전하기 위해 열심히 노력하고 있다.

집 근처에 있는 교회에서도 매일 고통을 받아 왔지만 여기까지 와서 똑 같은 말을 들어야 하는 아픔이 있었지만 예수를 믿으라 그 말을 듣는 순간 이런 생각이 들었다.

「도대체 저 사람들은 예수를 믿으라고 하는데 저렇게 다니면 누가 밥을 주나 돈을 주나?」

진실로 예수가 있을까? 아니면 하나님이 살아 있을까? 자꾸만 궁금한 생각이 들었다 한다. 그래 무엇이 있으니까 저런 것이 아닐까? 아니 아주머니 예수가 진짜로 있어요. 무슨 말씀이세요 진짜로 있지요. 그럼 보여줘 봐요. 어떻게 보여 주요? 가까운 교회를 가 봐요. 그것 말고 진짜로 있으면 보여 줘 봐요.

그런데 이상하게 자꾸만 마음이 든다.

할렐루야.

그런데 그날 밤 꿈에 지옥불에 있는 할머니 형상을 보았고 찬란한 빛으로 오신 주님을 만났다고 했다.

「나는 죄인이다 라는 것을 깨달아 참을 수 없는 회개의 눈물을 흘렸다 고 했다. 어떻게 보면 사소한 교통사고인데도 28일이라는 긴 기간 동안을 고통과 염려를 통해 죄인임을 깨달았다는 것이다. 당시 건물 높은 곳에서 추락하여 허리를 다쳐 걸을 수도 없고 앉아 있기도 힘들 때 였다고 했다. 이 후유증으로 허리디스크로 생겨 통증으로 말할 수 없는 고통을 겪고 있을 때였다는 것이다. 죄인임을 깨달았을 때 주님은 한순간에 허리를 깨끗이 치료해 주셨다고 했다. 치료를 받을 때는 **다리미로 옷을 다리는 것처럼 등에서부터 허리까지를 불을 넣어 치료하시는 것을 느꼈다**고 했다.

진실로 진실로 너희에게 무엇이든지 너희가 땅에서 매면 하늘에서도 매일것이요 무엇이든지 땅에서 풀면 하늘에서도 풀리리라(마18:18)

이남순 씨는 말하기를, "땅에서 매이면 하늘에서도 매이고 땅에서 풀면 하늘에서도 풀림이라. 하나님께서 붙드시지 아니하면 너희가 아무것도 할 수 없다는 진리의 말씀을 깨닫게 된 것"이라는 회개의 눈물을 흘렸다 한다 모든 문제가 순조롭게 풀리고 자유의 몸이 되어 한없이 회개의 눈물을 흘렸다 한다.

할렐루야.

인근에 있는 교회 목사님께 찾아가 지난 일에 대한 사과의 말씀을 드릴려고 했으나 거의 한 달이 경과된 시일로 인해 다른 교회가 이전을 해 왔다한다.

같은 장소로 이전한 교회에 등록하고 하나님께 철저한 회개와 용서를 빌고 열심히 믿음생활을 신실하게 잘하고 있다고 한다. 자동차업무대행서비스 하면서 익인 인적 네트워크를 통해 전도에 최선을 다하며 하나님이 주신 지혜로 하나님사업의 확장을 위해 열심히 노력하고 있다고 했다.

할렐루야.

자동차와 함께 한 세월 20년 : 형제 詩 Ⅰ

스무해 긴 세월도 지나와 돌이켜 보니
너무나 짧은 시간 속 찬바람 스쳐간 낙엽 밟으며
오늘도 봄날에 새싹 그리네
폭풍우 친 날 긴긴밤 지새우고
하얀 눈 온 세상 덮어 버려도
나는 조용히 기도할래요
어제의 약속도 잊어 버리고
아침의 언약도 모른 체 하고
등 뒤에 돌아서 획을 바꾸고
조그만 마음속 응어리 커져도
이 생명 던져서 생명 길보이면
누군가 뒤에서 손뼉치리라
십자가 지기가 너무 힘들면
나는 조용히 기도 할래요
자동차 바퀴에 황금이 보여도
생명을 바꾸지 않게 하소서
허황된 욕심을 버리게 하소서
거짓의 옷을 벗게 하소서
언약의 가락지 빼지 마소서
두 얼굴이 없게 하소서
그 이름 세 글자 남게 하소서
나는 조용히 기도할래요.

창조 하나님 : 형제 詩 Ⅱ

인간이 하늘과 통하는 문

천문산의 경이로움

무엇으로 표현하리오

인생육십의 뒤안길에서

모든 문구를 동원해도

온갖 미사어구를 다 써도

너늘 다 기록할 수 없으니

너무나 아쉽구나

굽이 굽이 아흔 아홉구비를 돌아

이십리 케이블카는

하나님이 창조하신 솜씨

찬란하도다

구백구십 구 계단을 올라 천문에 우뚝서니

지금 이대로 시간이 멈춘다 해도

내 심장의 고동이 멈춘다 해도

나는 후회하지 않으리

너희들은 보았으니

아 하늘문이 열린다

천사들이 나와 마중하누나

아 저 나무들이 손을 흔들고

아 저 돌산들이 방긋 웃고 있구나

우리 아버지하나님이 창조한 세상

아름답구나.

할렐루야.

내가 너를 보내노라

오직 성령이 너희에게 임하시면 너희가 권능을 받고 예루살렘과 온 유대와 사마리아와 땅 끝까지 이르러 내 증인이 되리라 하시니라(행1:8)

40

내 증인이 되리라

자네는 시간만 나면 예수를 믿으라고 애기하냐. 그만 좀 해라.

그것은 내가 알아서 할 테니 그만 좀 해. 나중에 퇴직하고 할 일 없을 때 교회 다닐 테니까 그만 좀 해. 직원들로부터 자주 들어 귀에 익숙한 말이다. 체육시설관리사업소에 근무할 때 선배들이 나에게 했던 말이다.

시립운동장에서 잠실운동장으로 발령을 받아 성경에 의한 복된 소식이란 무엇인지 모르고 성령불이 붙어 시도 때도 없이 하나님을 증거 하다 보니 직원들로부터 싫은 애기를 많이 들었다.

성경말씀을 온전히 깨닫지 전하지 못하고 입으로 만 전하는 살아 계신 하나님을 전하고 있었기에 때론 불평도 들었다. 특히 구내식당에서 점심을 같이 할 때와 저녁식사에서 직원회식 자리에서도 하는 등 때와 장소를 가리지 않고 하나님 말을 많이 하다 보니 별로 좋아하는 직원이 없었다.

회식 자리에서 말을 하면 꼭 분위기가 좋아지려고 하면 엉뚱하게 교회 다녀라, 예수 믿으라 한다고 핀잔을 많이 들었다.

특히 선배들에게 예수를 믿으라고 전하면 퇴직 이후에 할 일이 없을 때 교회를 가겠다고 했다. 그 때마다 웃어넘기는 일상이 되었다. 사실 전도란 어떻게 하는지 몰라 무조건 입으로 예수를 믿으라, 아니면 교회를 다녀라 하는 것이 줄 알았지만 말씀과 체험을 복합적으로 알아야 되는 것인데 무조건 입술로 만 하다 보니 별다른 효과를 맺지 못했다.

또한 전도란 사람들의 바람이나 의도가 아니라 전능하신 하나님의 뜻에 따라야 한다는 것도 모르고 무조건 좋아 말만 많이 하면 되는 줄 알았다.

하나님 주권에 대한 확신을 갖는 믿음은 결코 전도를 무기력하게 만들지 않는 다는 것도 없이 홀로 떠들어 대는 모습만 보였다.

그러나 열정은 분명히 있어서 미움을 받고 있던 고마움을 받고 있던 무조건해야 했다. 복음에 대한 좌절이나 실패는 전혀 생각하지 않고 담대하게 끊기 있게 전했다. 이어서 서울시총무과로 발령을 받았다. 서울시 업무를 총괄하는 부서로 하루하루가 어떻게 가는 지 도무지 알 수 없을 정도로 매우 바빴다. 그래도 하나님이 주신 사랑이 너무 크고 좋아 이를 자랑하고 싶어 입술로 계속 예수를 증거하고 있었다.

전도는 전도자와 복된 소식을 듣고 있는 상대방이 하나님주권에 의한 의지의 싸움을 하는 것인데 전도자가 말씀과 기도로 충분히 무장되어 있지 않고 입술로 만 증거 하는 우를 범했다. 특히 강화도 해명산 온천개발을 중심으로 예수 전도를 하다 보니 전혀 예기치 않은 일도 발생하여 이를 해명해야 하는 경우도 있었다.

93년초 문민정부 임기 시작과 함께 전 방위 개혁이 추진되 나갔다. 우선 공직자의 부정부패를 예방하기 위해 공직자윤리법을 개정하여 1급 이상 공직자의 재산을 공개토록 했다. 아울러 전 공직자를 대상으로 하여 재산을 조사하되 부동산이 많은 공직자를 조사하여 특별한 다른 조치를 취하기 위해 여러 방안이 강구되고 있을 때였다.

하루는 서울시 공직자 재산형성에 대한 첩보사항이 감사부서에 접
수되었다는 한다. 그 사항이 어떤 내용인가 물어보니 온양에 이만평
의 땅을 가지고 있다는 정보가 감사부서에 들어왔다 한다.

그래 참 재미있는 애기다. 그래 나는 부자이지. 나는 부자라고.
왜 우리아버지가 세상에 있는 모든 것을 주관자하고 계시니 부자
일 수 밖에 없지 않는가?
땅이 이만평 이면 작은 것이지 더 많은 땅을 가지고 있지. 나는 아
직 아버지로부터 상속을 받지 않지 않아 그렇지 아마 곧 상속을 받
을 것이라고. 싱거운 말을 했다.

사실, 간 데마다 친한 직원들을 만나면 만물의 주인되시고 주관자
되시는 살아계신 아버지하나님의 사랑을 증거 했기 때문에 감사부
서로 이상한 정보가 들어갔나 보다.
또한 강화도의 석모도에 있는 해명산 온천개발을 함께 증거했기
때문에 더욱 그렇게 전해 졌을 것이다. 언제나 창조주 하나님이 이
지구를 만드셨기에 지하 수천미터 아니면 수백미터 지하에 무엇이
매장되어 있는지 알 수 있다고 증거했다. 하나님이 말씀으로 시추한
온천을 눈으로 확인하도록 직원 몇 명을 직접 석모도를 가서 온천욕
을 하기도 했다.
내가 온양에 땅 2만평을 가지고 있다는 소문은 해프닝으로 끝나기

는 했지만 주님 사랑과 살아계신 하나님을 증거하는 데는 그 일이 있은 후에도 거침없이 계속되었다. 이렇게 거침없이 살아계신 하나님을 전하다 보니 때로는 말씀이 돌밭에 뿌려져 뿌리가 나지 않아 잠깐 있다 없어지는 때도 있고 어떤 때는 옥토에 말씀이 떨어져 새싹이 낳아 결실을 맺는 때도 있다.

우리가 알거니와 하나님을 사랑하는 자 곧 그 뜻대로 부르심을 입은 자들에게는 모든 것이 합력하여 선을 이루느니라(롬8:28)

서울시에 근무하면서 많은 교제를 나누었던 한 직장 동료는 강원도 삼척에서 태어나 그 지역에서 학업을 마친 직원이었다.

강원도 삼척은 개신교를 받아들이는 데 보수적 성향이 강한 지역 정서와 가정 대대로 내려오는 유교적 풍습 때문에 예수 말씀을 전해 들을 기회가 많지 않았고, 주변 교인들의 부정적인 모습으로 인해 예수를 받아들이지 않았다고 했다. 매일 업무를 하면서 주님의 말씀과 사랑을 전하여 결실을 맺을 수 있었다. 이를 위해 그동안 신앙생활에서 체험했던 살아계신 하나님의 모습을 전하고 꾸준한 교제를 통해 예수의 말씀을 심었다.

지금은 결혼을 해서 자녀들과 함께 경기도 양주시에 근무하면서 신앙생활을 잘 하고 있다. 신실한 믿음으로 맺혀진 형제이기에 교회생활과 공직에 대한 정보교류를 통해 주님이 주신 행복한 삶에 대한 교류를 계속하고 있다. 이외에도 여러 많은 곳에서 전했던 주님 사람이 지금도 열매를 계속해서 맺고 있을 것이다.

서울시 국과 과에서 함께 근무했던 동료들과 서울특별시청 신우회와 서울시 여성가족재단 직원들과 신우회에서 함께 했던 믿음에 형제들이 더 큰 믿음으로 하나님께 영광을 돌릴 수 있도록 계속 나아가길 기도할 것이다.

또 나와 함께 했던 귀한 분들을 예수님의 이름으로 사랑하여 이 땅을 마무리하는 그날까지 우정과 믿음의 형제애를 나눌 수 있기를 바라고 소망한다.

할렐루야.

나의 말이 기록되었으면 책에 씌어 졌으면 철필과 연으로 영영히 돌에 새겨졌으면 좋겠노라(욥 19:23-24)

봄, 봄, 봄, 봄이 왔다. 기다리지 않아도 새봄이 왔다. 봄을 기다림마저 잃었는데도 새봄이 왔다. 지난 겨울을 어찌나 바쁘게 지냈는지 되새겨 볼 여유도 없이 따스한 봄이 왔다.

봄!

네가 얼굴을 살포시 내밀 때 눈이 너무 부셔 차마 나는 너를 바라볼 수 없었다.

41

⋮

철필과 연(鉛)으로 영영히 돌에 새겨

싸고 도는 푸른 하늘에 벌써 아지랑이가 걸려 내 눈이 부시도록 반짝이며 고운 너의 자태를 내 가슴으로 껴안을 수 없다. 이리도 좋은 봄 날 가슴 활짝 열고 창공을 나는 봄 나비처럼 훨훨 날아가고 싶다.

이천십이년 사월십삼일 수줍음의 망울을 터뜨리고 꽃띠 꿈을 펼쳐 봄이 피워 가고 있을 때 사랑스럽고 양지바른 기도동산으로 떠난다. 이제 새로운 세상을 향해 부푼 꿈을 안고 막 출발하기 위한 선(線)에 있다. 강산을 두번씩이나 변화시킨 세월동안 무지하게 주님 애(哀)를 많이도 태웠으니 이젠 부족하지만 온전히 모시고 가려고 한다. 이젠 내가 어떤 길로 것이 주님이 원하시는 길인지 몰라 여쭈어 보려 기도원에 올라간다.

왜 금식기도원으로 가느냐고 물은다면 그냥 간다고 답하고 싶다. 이것이 진리인지 모르지만 그렇다. 그래서 오늘도 간다. 금식기도동산으로 출발한다. 기도원 정문에서 아들 문제를 먼저 아시고 응답하기 위해 기다리고 계신 주님께 내 이름 석 자를 드리고 당당하게 들어간다. 할렐루야.

나는 기준이 있다. 들어오면 금식이요 나가면 식사한다. 왜? 그렇게 되었느냐고 물은다면 이렇게 답하겠다. 생사화복을 주관하고 계신 주님께 내 형편과 사정을 있는 그대로 말씀드리려고 한다. 인생 이모작 삶을 어느 방향으로 가야되며 무엇을 해야 할지 난 모른다.

언제나 주변 사람들은 퇴직 후 무엇을 할 것인가를 물을 때마다 오직 나의 답변은 한마디이다 나도 몰라이다. 진실로 몰라. 남들이 나에게 성의 없는 답변을 한다고들 할지 모르지만 진실로 모른다. 그래서 그것을 알고 싶어 기도동산에 올라왔다.

동산에 산골 내음이 물씬 풍기는 전나무 숲을 지나 숙소로 간다. 2층 침대 6개가 있는 숙소에 열 두명의 성도들이 쉴 수 있다. 지정된 침대에서 명상을 하기도 하고 잠도 자고 성경도 본다.

금식기도를 할 때마다 고려해야 하는 것인데 주님과 어떤 약속을 하고 기도동산으로 올라오느냐가 매우 중요하다.

왜냐하면 동산에서 며칠을 금식할 것인지, 어떤 제목을 가지고 어떤 기도를 할 것인지 정해놓고 출발해야 한다.

이번에는 하루금식을 계획하고 동산에 올라 왔다. 그래서 오늘예배와 오늘밤이 기도가 매우 중요하다. 예배를 드릴 수 있는 시간과 기도할 수 있는 시간이 많지 않기 때문이다. 그러므로 서둘러야 한다.

오후예배를 드렸으니 저녁예배 준비를 해야 한다. 예배드리고 와서 숙소에서 쉬기보다는 기도굴을 가서 기도해야 한다. 그렇게 되지 않으면 야외에서라도 기도를 계속해야 한다.

전혀 기도에 힘을 쓰셨던 예수님처럼 말이다. 오직 기도동산에는 오직 감사만이 있을 뿐이다. 동산에 올라오면 세상 모든 짐을 내려놓고 오직 기도와 간구에 전심전력을 힘쓰는 것이 필요하다. 이미

동산에 올라가도록 주님이 인도하셨으면 기도의 응답은 보장되어 있다.

하물며 하나님께서 그 밤낮 부르짖는 택하신 자들의 원한을 풀어 주지 아니하시겠느냐 그들에게 오래 참으시겠느냐(눅18:7)

이것이 성경적이며 약속한 주님말씀이다. 교회에 다닌다고 해서 아무나 기도동산에 올라가는 것은 아니다. 기도원에 믿음을 가지고 올라가는 것은 그리 쉽지 않다. 처음 예수 믿는 시간부터 은혜를 사모하여 시작했으니 나는 행운이고 감사할 따름이다.

낙심될 때마다 전지전능하신 주님을 찾아 기도동산에 올라온다. 늘 그늘이 되시고 낮의 해와 밤에 달이 상치 못하도록 지켜주신 주님께 응답받기 위함이다. 이번에는 짧은 주님과 약속시간으로 급한 만큼 열과 성을 다해야 한다.

나는 시간이 없다. 오후 예배드리고 기도굴에 가서 기도하려고 했다. 그러나 수백 개의 기도굴에 기도소리가 끊어지지 않는다. 저들의 부르짖은 소리가 하늘 보좌를 움직이고 있는 것 같다. 기도장소를 확보 할 수 없다. 동산 주변을 둘려 쌓인 숲속에 나무들이 아직 꽃 방울을 터뜨릴 수 없어 수줍은 듯 바람에 나부끼고 있다.

봄바람이 솔솔 불어와 볼을 스치고 있다. 이름 모를 산새소리를 들으며 숲속 벤치에 앉아 속삭이듯 주님께 아뢴다. 주님은 인자하신 얼굴로 다가와 귀를 기울이고 계신다. 주님 사랑에 시간이 가는 줄도 모르고 있었다.

팔각정에서 들려오는 은은한 종소리에 자리에서 일어선다. 이윽고 저녁이 되니 예배시간이다. 헐레벌떡 대성전으로 들어가 준비찬송한다. 저녁7시에 예배드리기 시작하여 9시가 넘어서 끝났다. 몸은 너무 피곤했지만 숙소로 들어가지 못하고 기도굴을 찾는다. 낮에 숲 속에서 드렸던 묵상기도를 이어가야 한다. 아직 응답받지 못한 퇴직 후 길이 무엇인지를 주님께 응답받기 위해 기도해야 한다. 인생은 예행연습이 있다면 좋겠지만 없으니, 지난 세월 같이 과오를 범하지 않기 위해 주님이 원하시는 길을 가려고 한다.

허물 많고 죄악 많은 이 세상길을 떠나

오직 주님 뜻대로 살 수 있게 인도해 주시기를 바라고 원한다. 지난날 허물 많고 죄악 많은 세상에서 살아온 부족한 삶이 아닌 영광된 주님이 원하시는 삶을 살아가련다.

이제는 주님께 순종하면서 살아갈 것이다. 멀고 험한 이 세상길 소망 없는 나그네길 방황하고 헤매이며 정처없이 살아가는 인생을 살고 싶지 않다.

아직도 나 무지해서 갈 길을 나 몰라 눈물로서 부르짖고 있다. 좁은 굴속공간에 놓여 있는 성경을 올려놓은 상위에 눈물이 가득가득히 쌓여만 가고 있다. 내 얼굴은 눈물로 붉어 있다. 아버지여. 아버지의 깊은 뜻을 알고 기다리오니 내 귀를 열리게 하심을 믿고 감사하나이다. 한없이 부르짖을 때 아버지 사랑이 감동으로 다가온다. 내 영혼이 주님 은총을 입어 귀한 응답을 받았으니 굳건한 반석 위에 책을 쓰련다.

할렐루야.

그는 육체에 계실 때에 자기를 죽음에서 능히 구원하실 이에게 심한 통곡과 눈물로 간구와 소원을 올렸고 그의 경외하심을 인하여 들으심을 얻었느니라(히5:7)

「책을 써라. 네가 준비하지 않았느냐?」

많은 사람들 이제 또 무엇을 시작하려고 한단 말인가? 그냥 쉬어.

그냥 편히 쉬라고 한다. 아니다. 무엇이든 해야 한다고 한다, 사람들이. 그러나 이제라도 주님이 원하시는 일을 해보고 싶다. 왜 지난 세월 주님의 마음을 아프게 한날이 많았으니 이젠 조금 더 온전히 서고 싶다. 주님이 명하신 뜻에 따라 일하련다. 그래서 주님이 말씀하신 책을 쓰련다. 직장을 선택해서 일을 해볼까 생각도 해 보기도 했지만 그 길이 아닌 것 같다. 명하신 고운 책을 쓰고 나면 주님이 예비하신 또 다른 길이 있으리라.

할렐루야.

집필하는 일은 한 번도 해보지 않아 두렵다. 내용은 어떻게 작성하고, 편집은 어떻게 하며, 제목은 무엇으로 할 것인지 아무것도 준비되어 있지 않다. 그러나 예수 이름으로 할 것이다. 앞길이 캄캄하여 보이지 않을 때는 지금까지 있었던 사실을 그대로 기록하는 것이 정도가 아닐까 한다. 그것이 주님이 원하시는 길이라고 믿기에 말이다.

할렐루야.

1989년 7월부터 현재까지 22여년 이상 긴 세월이다.

삶속에 부르심과 영접·회개와 사죄·신뢰와 확신·소명과 헌신·시련과 극복·봉사와 충성·분투와 승리·은혜와 사랑·인도와 보호·기도와 간구·축복과 감사·성도와 교제·신유와 소망·주와 동행한 역사이다.

이에 주요사항만을 사실을 있는 그대로 기록하려 한다. 기록한 자료가 거의 30여 권이다. 주님이 약속하신 것을 능히 이루실 줄을 믿고 감사한다. 때가 되면 책으로 세상에 선을 보일 수 있는 날이 오리라 확신했다. 책이 세상에 선보이는 날 하나님이 영광을 받으시고 기뻐하실 것을 생각하니 너무 마음이 벅차고 흥분된다.

믿음이 없어 하나님의 약속을 의심치 않고 믿음에 견고하여져서 하나님께 영광을 돌리며, 약속하신 그것을 또한 능히 이루실 줄을 확신하였으니, 그러므로 이것을 저에게 의로 여기셨느니라. 저에게 의로 여기셨다 기록된 것은 아브라함만 위한 것이 아니요. 의로 여기심을 받을 우리도 위함이니 곧 예수 우리 주를 죽은 자 가운데서 살리신 이를 믿는 자니라(롬 4:20-25)

주님이 나를 사용하기 위한 계획은 아들 생각과 다른가 보다. 사실 나는 새로운 직장을 찾아 조금 더 세상에서 활동하다 주님이 인도하신 길로 가기를 원했다.

"이는 내 생각이 너희 생각과 다르며 내 길은 너희의 길과 다름 이니라 여호와의 말씀이니라(사55:8)"이제 기쁜 맘으로 주의 뜻을 따라 순종하리라. 2012년 4월 16일 월요일이다. 오전 9시 집필을 시작함을 주님께 아뢴다. 주관하신 아버지 하나님을 믿고 시작하며 이를 인도하신 이에게 감사한다. 아멘.

글을 쓰는 일은 밤과 낮이 없이 계속되었다. 쉼 없는 강행군 속에 힘들고 지칠 때마다 아내의 헌신적인 사랑과 위로함이 큰 힘이 되고 있다. 위로 받고 보니 세상 근심과 걱정이 사라지고 마음에 기쁨과 평화가 온다. 오늘도 하루해가 서산에 진다. 이 밤이 새도록 글쓰기 피곤에 지쳐 기신없이 늦은 잠이 들었다. 깊은 새벽 시름에 잠겨 있을 때에 잠을 깨워 주님을 찾고 나니 감동이 있음이라.

「네가 어디로 가든지 하나님의 영광을 보리라」

이때가 2012년 4월 27일이다. 집필을 시작한 지 10일이 된 날이다. 한없이 크신 하나님의 은혜로 세상에서 쓸데없는 자를 왜 구속하여 때마다 시마다 위로하시고 용기와 소망을 주시는지 나는 알 수 없다.

하루 하루가 주님의 사랑이요 은혜이다. 지난 6월 13일 새벽예배를 드리고 돌아와 잠시 잠자리에 들었다. 옆집에서 들려오는 벽에 못 막는 망치소리에 그만 잠이 깨었다. 잠시 자리에 일어나 묵상을 하는 데 흐르는 눈물을 주체할 수 없다.

왜 이렇게 주님의 큰 사랑을 받아야 하는지 한없이 부족한 아들인데 말이다. 참으로 많고 많은 허물만을 가지고 살아가는 이 죄인을 어찌하여 그 큰 은혜로 구원하여 주시고 매일매일을 사랑으로 감싸 주시는지 나는 모른다. 이 작은 입으로 어찌 다 말할 수 있으리까?

책을 쓰는 하루하루를 이끌어 가시는 사랑스런 주님 모습에 감탄하고 감사하기 그지없다. 세월이 가는 줄을 모를 정도로 때론 찬송으로 인도하시고 때론 감동으로 인도해 주신다. 한 달이 가고 두 달이 되니 7월이다. 성령의 하나님이 계신 성전에서 마음으로 글을 새긴다.

부족한 입술로 주님을 향해 부르짖고 감사하는 입술은 주님을 찬양한다.

이제, 집필을 시작하면서 3개월 동안 넓게 펼쳐놓은 자료를 정리하여 책장에 넣으려 한다. 초기 분량을 채웠으니 예수님의 이름으로 치우려 한다.

그리고 내용을 주님과 함께 보완하려 한다. 그리고 세상에 주님의 이름으로 내려놓아 영광의 주님을 찬양하려 한다. 2012년 8월 7일 아침7시이다. 5시 새벽예배를 다녀온 후 잠시 잠자리에 들었을 때 귀한 책의 발간하는 데 있어 협력하여 선을 이룰 수 있는 귀한 분을 보이셨다. 그분은 키가 크고 다소 긴 얼굴이다. 앞이마에 약간 주름과 흰머리가 있고 머리를 하이칼라 갈매를 타고 있었다.

성령으로부터 보이신 7일째 되는 날인 8월 14일 오전이다. 우리 교회 안경선 목사님과 준비된 교회 강종희 목사님과 함께 중구 인현동에 있는 도서출판사로 향해 출발했다. 처음으로 방문하는 인현동 인쇄 출판단지는 골목들이 너무 복잡했다. 비좁은 골목에 헤아릴 수 없이 많은 인쇄소와 출판사들이 있었다. 아주 오래된 골목으로 자동차가 진입하기에도 어려움이 많았다. 이윽고 건물 지하에 자동차를 주차하고 올라갔다. 출판사에 들어서는 순간 지난번에 보여주신 그 분을 만날 수 있는지가 궁금했다.

그런데 출판사에는 그 분의 모습은 보이지 않고 출판사를 운영하고 계신 사장님과 직원 몇 명이 우리를 맞이했다. 이미 며칠 전에, 목사님께는 예비하신 분을 말씀드렸기 때문에 잠시 당황했다. 장로이신 사장님과 출판에 대해 잠시 환담을 하고 있었다.

이 때다. 어디선가 한번쯤은 뵌 듯한 목사님이 들어왔다. 그분이 지난번에 보여주신 한국기독교문화선교회 대표 한치호 목사님이다. 선하신 주님 뜻에 따라 목사님과 협력하여 영광된 책을 이 땅에 선보일 것이다. 감사와 영광이 영원히 하나님께 있음이라.

男子 집사가
행복한 가정 만들기

하나님이 가라사대 우리의 형상을 따라 우리의 모양대로 우리가 사람을 만들고 그로 바다의 고기와 공중의 새와 육축과 온 땅과 땅에 기는 모든 것을 다스리게 하자 하시고, 하나님이 자기 형상 곧 하나님의 형상대로 사람을 창조하시되 남자와 여자를 창조하시고(창1:26-27)

어느 해 겨울날 아침 밤새 하얀 눈이 내려 수북이 쌓여 있었다. 온통 거리에는 밤새 내린 폭설과 불어오는 차가운 바람으로 견뎌내기 어려운 하를 시작하고 있었다. 단열이 잘 되어 있는 좋은 아파트는 겨울의 낭만을 즐길 수 있을지 몰라도 주택은 문틈사이로 들어오는 차가운 겨울바람에 긴긴 밤을 지새우곤 한다.

그날 밤도 엄한 겨울바람에 힘겨운 밤을 보내야 했다.

어느 날과 같이 아내는 아침 일찍 일어나 식사를 준비하고 있다. 아내는 지난 겨울밤을 지새우다 몸을 움츠리고 부엌 싱크대 앞에 서 있다. 때 마침 보일러가 고장을 일으켜 따뜻한 물이 나오지 않는다. 설거지를 해야 하는 데 수도꼭지에서 온수가 없으니 어떻게 하랴?

아내는 수도꼭지에서 나오는 찬물로 설거지를 하다 보니 손이 시려 할 수 없다고 한다. 이때 잠자리에서 막 일어나 아들과 한 대화이다.

엄마 : 아이 손이 시려(설거지를 할 수 없다)

아들 : 엄마. 무엇 때문에 그래요

엄마 : 물이 차서 그래

아들 : 그러면 엄마 온수 틀면 되잖아요

이 단순한 대화를 어떻게 설명할 수 있을까? 반드시 그렇지 않을 수도 있지만 남성과 여성은 소통하는 방법이 다르다. 우선 간단한 대화이지만 보기로 한다. 엄마는 설거지를 하기 위해 온수 수도꼭지를 틀었으나 따뜻한 물이 나오지 않자 손이 시려 설거지를 할 수 없다고 한다.

엄마는 손이 시려 온수가 공급되지 않음의 문제점을 말한 것이다. 그때 "아들은 온수를 틀어 공급하면 된다"고 바로 그 문제점에 대한 해결책을 제시하고 있다.

만약 딸이 그 자리에 있었다면 어떻게 답을 했을까 생각해 보았다.

딸이 그 자리에 있었다면 보다 감성적이며 세심한 대화를 엄마하고 했을 것이다. 바로 부엌 싱크대로 다가가서 설거지 할 그릇이 몇 개가 있는지, 밤사이에 차가운 방에서 엄마는 잠을 잘 주무셨는지, 얼굴은 괜찮은지, 혹시 엄마 기분이 어떤지를 먼저 보았을 것이다. 그 다음 온수가 나오지 않은 이유에 대해 애기를 했을 것이다. 그리고 엄마에게 착하고 사랑스러운 딸이라면 바로 고무장갑을 끼고 차가운 물로 싱크대에 놓여있는 그릇들을 깨끗이 설거지를 했을 것이다.

저자는 서울시에 오랫동안 남성들과 함께 근무했다. 남성들은 계통에 의한 위계와 서열을 중시하는 것 같다. 조금은 다른 애기가 있을 수도 있지만 지금까지 남성이 주류를 이루어 왔던 공직문화와 군대문화도 그렇다. 그것은 우연의 일치가 아닌 남성과 여성의 의식구조에 기인한 다고 볼 수 있다.

다시 말해 인간은 생물학적 성(하나님이 결정해 주신 부모님 부(夫)인 남성 정자와 모(母)인 여성 난자의 수정과 동시에 결정되는 성)과 사회문화적 성(性)으로〔인간(남여)이 세상에 태어나 성장과정에서 사회와 문화, 주변의 제반환경으로부터 학습되어진 후천적 성 즉 사회와 문화환경 등에 영향을 받음으로 행동과 역할 등이 다르게 나타나는 것)구분된다. 이에 따라 남성과 여성은 차이와 특성이 있다고 하겠다.

　남성은 대체로 사회적 지위 형성과 조직 내 계통에 의한 위계를 중시함과 아울러 권력을 추구하기 위한 방안을 강구하며 아울러 앞서 엄마와 아들에서 본 것처럼 문제점 파악과 동시에 결과를 도출해 내려고 한다.

　반면 여성은 감성적으로 접근하며 친교를 통한 관계를 형성하며, 계통에 의한 위계를 중시하기보다는 뜻을 같이 하는 사람끼리 모이고 대화하며, 결론을 바로 도출하기 보다는 함께 행동할 것을 요구하는 것을 나타내기도 한다.

　지난 주일날 예배를 드리려 교회로 가는 길에 있었던 일이다. 어느 주일날과 같이 9시 30분에 가족(4명)이 거실에서 둘러 앉아 시편23편을 함께 합독하고 잠시 통성으로 기도드린 후 교회로 출발했다.

　교회로 가는 길 중간에서 차를 타는 우리 소희와 함께 가기 위해서다. 언제나 만남은 반가워서 잠시 인사를 했다.

　저자에게는 아들이 두 명이나 있는 데도 볼 수 없었던 모습을 볼 수 있었다. 먼저 우리 소희는 두 아들이 보지 못한 부분을 보고 있다. 아내의 외모에 대해 하나하나 보면서 정겨운 대화를 하고 있었다. 입고 있는 옷이 이미 보았던 옷인지 아닌지, 머리는 손질을 했는지를 보고 있다. 또한 봉숭아꽃과 잎으로 곱게 물들인 아내의 손톱을 보고도 참 예쁘게도 물이 들었다고 한다.

지난주 이틀 동안 두 번이나 봉숭아물을 엄마 손톱에 들였다. 그런데 두 아들 중 누구도 봉숭아로 곱게 물든 엄마 손톱을 보지 못했다. 아주 예쁘게 물든 엄마 손톱을 볼만도 하지만 그렇게 하지 못한다. 혹자들은 두 아들이 부모에 관심이 없어 그런 것이 아닌가 말할 수도 있을 것이다. 그러나 여기서는 보편적인 것을 말하겠다.

집에서 아내와 함께 있을 때 있었던 일을 남성의 시각과 여성의 시각의 차이로 열거해 보겠다.

아내 : 곧 장마가 온다고 하니 이번 일요일 날 집 주위 청소 좀 해 주었으면 해요?

남편 : 이미 청소할 생각을 갖고 있었는데 솔직히 시키는 것을 듣기 싫고 하기도 싫다. 하고 싶지 않다. 싫은 내색을 한다.

아내 : 지난번에도 몇 번이나 말을 했는데요?

남편 : 이미 생각하고 있었던 것이라 시키지 않아도 알아서 할텐데 왜 그런지?

남편들은 가정에서 아내가 말하는 것이 상사의 지시나 명령처럼 들리면 싫어한다. 반면 아내는 상사가 말한 것처럼 지시나 명령을 한 것이 아니라, 앞으로 발생할 지도 모를 문제를 사전에 예방하기 위해 청소를 해 달라고 공손히 요청하는 것뿐인데, 남편은 아내의 부탁하는 좋은 모습을 받아들이지 못해 갈등이 발생할 수도 있다.

이번에는 작년 교회 김장행사 때 일이다. 우리 교회는 김장을 배추 300포기 정도 했다. 농협에서 배추를 구입해와 남녀 권사님과 집사님이 함께 다듬었다. 이어서 소금 저려 놓고 몇 시간이 경과된 당일 날 늦은 밤에 다시 모여 절인 배추를 골고루 이리저리 뒤척였다 . 다음날 새벽예배를 드린 후 300포기 배추를 깨끗이 씻었다.

그리고 미리 준비한 양념을 배추 속을 넣어 김장을 했다. 김장을 한 배추김치는 보관 장소에 옮겨서 보관했다. 그때까지는 김장행사가 별 무리 없이 잘 진행이 되었는데, 그 후 김장에 사용한 각종 큰 그릇과 쓰레기를 정리하는 과정에서 나타났다.

여집사 : 김장이 마무리 되었으니 배추쓰레기는 음식쓰레기 봉투에 넣어 잘 정리해서 우측 대문 옆에 쌓아 주고 그릇들은 교회 뒤편 지정된 창고에 잘 보관해 주세요.

남집사 : 이미 김장이 마무리 되었으니 쓰레기는 봉투에 담는 것은 당연하고 사용한 그릇은 창고에 가져다 보관해 놓은 것은 당연을 한데 듣기 싫게 이레라 저래라 합니까?

여집사 : 지난해 김장 때 보니 김장은 잘 마쳤으나 쓰레기 청소와 그릇을 정리하는 일이 뒷마무리가 미흡한 것이 있어 이번에는 그러한 일이 없었음은 좋을 것 같애서요

남집사 : 이미 그렇게 할려고 생각하고 있었는데 말하지 않아도 알아서 잘 할텐데….

남성 집사들은 교회에서도 여성 집사들이 말하는 것을 상사의 지시나 명령처럼 들려 듣고 행하기를 싫어한다. 반면 여성 집사들은 상사가 지시나 명령을 한 것이 아니라,

김장은 여성들이 더 많은 경험이 노하우를 있다고 생각하고, 이를 보다 슬기롭게 일을 하기 위해 공손히 부탁하는 것인데,

그것을 남성 집사들은 여성 집사들의 권면의 좋은 모습을 받아들이지 못한다.

또한 남성 집사들은 작년 김장이 까마득한 옛날 일이라 생각해 기억을 못할 수도 있다. 많은 남성 집사들이 그때 그 상황을 하나하나 기억하지 못할 것이다. 그러나 김장에 참여했던 대부분의 여성집사들은 작년에 그 기억을 정확하게 기억하고 있었다. 이것이 남성과 여성의 차이라고 할 수 있다. 남성은 단순히 그 때 그 시점에 이루어진 성과를 중심으로 기억하지만, 여성은 그때 그 시점에 제반 상황과 함께 나누었던 정감어린 대화까지도 기억하고 있다.

사실 남편들이 전혀 기억하지 못하는 오래전에 있었던 일들을 아내들이 날자와 그때 상황을 정확하게 기억하는 것도 남녀가 갖고 있는 다른 모습에서 기인한다고도 볼 수도 있다.

할렐루야.

지난 어느 날 브라질 월드컵 예선 축구경기가 있는 날이다. 모처럼 사무실에서 일찍 퇴근하여 집으로 왔다. 그날은 외국에서 경기가 있

어 축구경기 시간이 늦은 시간이라 읽을 책(메가트랜드 차이나)을 준비해 가지고 집으로 왔다. 오늘은 메가트랜드 차이나 책의 분량이 많기 때문에 최소한 정한 페이지까지 읽어야 된다는 목표를 정해 놓고 퇴근했다.

그런데 모처럼 해가 중천에 떠 있는 것처럼 보일 때 집에 돌아오니 아내는 기분이 너무 좋았나 보다. 이렇게 일찍 퇴근하는 경우가 많지 않기 때문이다. 집에 돌아와 잠시 세면을 하고 자리에 앉아 쉬었다 책을 읽을 려고 준비하고 있었다.

이때다.

아내 : 오늘 왜 이리 빨리 퇴근했어요. 무슨 일이 있었어요?

남편 : 일은 무슨.

아내 : 그러면 오늘 나와 같이 놀아주면 되겠네.

남편 : 애들이야? 같이 놀게.

아내 : 모처럼 일찍 퇴근했으면 나와 함께 맛있는 것도 먹고 밀린
　　　애기도 좀 하고 그렇게 하면 좋겠네

남편 : 밀린 애기가 무엇이 있어. 나 책 읽어야 돼.

남편은 아내에게 남편이 가지고 있는 생각을 즉시 전달하고 있다. 다시 말해 남편은 말로 정보를 전달하고 이에 기대되는 목적과 결과를 만들 수 있어야 한다고 생각한다. 반면 아내는 남편과 좋은 부부

의 좋은 관계를 형성하기 위해 대화도 많이 하고자 한다. 또한 맛있는 것도 많이 먹고 많은 즐거운 대화를 통해 아름다운 부부 관계를 맺고자 한다. 아내는 언제나 본인의 말을 잘 경청해 주었으면 하고, 공감도 표시해 주길 바란다. 아내 요청이 있을 때에는 즉시 반응을 보이지 않으면 안 된다. 아내는 말을 잘 들어주지 않는 다고 생각하기 때문에 이를 이해하고 즉시 공감을 표시함으로서 서로 간에 사소한 갈등도 줄일 수 있다. 우리는 서로 간에 차이를 인식하면서 가정생활을 한다. 또한 부부 중 한사람이라도 이러한 것들의 차이를 생각하면서 생활한 다면 많은 것을 이해 할 수 있을 것이다. 우리부부는 서로 이해와 사랑으로 가정천국으로 이끌어 가는 영광된 하나님 나라를 만들기 위해 최선을 다할 것이다.

할렐루야.

언젠가 여성들의 수다에 대해 말할 기회가 있었다. 그렇게 많은 대화 속에 중요하고 귀한 정보가 얼마나 되는지 알 수가 없다고 했다. 그랬더니 많은 여성들은 대화를 하는 데 있어 중요한 정보 교류와 목적을 가지고 대화를 한다기 보다는 지속된 대화를 통해 정보 교류와 친밀 관계를 유지하며, 때론 대화 속에서 새롭고 창의적인 아이디어를 찾게 된다고 했다.

이럴 듯 하나님이 창조한 남성과 여성은 많은 부분에서 차이 있음을 인지해서 이제까지 대화 속에서 서로에게 상처를 주고 갈등을 유발을 했던 것들을 배려와 이해로 승화시키는 아름다운 계기를 만들어 가길 바란다.

아울러 가정과 교회와 일터에서 남성은 남성들과 여성은 여성들과의 관계에서도 본인이 가지고 있는 성(性)에 대한 차이를 인식하고 아름답고 소중한 교제 문화를 만들어 가는 데 힘써야 한다.

또한 주님으로부터 구원받은 우리는 어떤 경우에도 대화 상대방에게 칭찬 없이 비난만을 일삼으면 안 되며, 이제부터 사도들의 가르침을 받아 서로 교제하며 떡을 떼며 기도하기를 전혀 힘쓰는 우리 모두가 되길 기도한다.

할렐루야.

『저희가 사도들의 가르침을 받아 서로 교제하며 떡을 떼며 기도하기를 전혀 힘쓰니라(행2:42)』

〔★ 가라사니 /남자는 소변을 꼭 서서 봐야 하나〕

스웨덴 쇤데르만란트 지역에서 한 정당이 당사 내 화장실을 이용하는 남성들은 변기에 앉아 소변을 봐야 한다는 규정을 당규로 지정해 놓았다고 한다. 이유는 두 가지. 화장실 바닥에 흘린 소변을 밟거나 튕겨 나온 배설물을 보고 싶은 사람 아무도 없고. 앉아서 보면 전립선염 걸릴 확률도 줄고 방광 건강과 성 건강에도 좋아서라고 하는데(현지신문 폴켓에 보도됨). 일본 마이니치신문에도 '일본 남성 중 33.4%는 앉아 소변을 본다는 통계가 있는데 그 수가 점점 늘어나는 추세여서 속옷 앞부분에 구멍이 막힌 디자인들이 속속 나오고 있다'는 기사도 있었다. 독일이나 노르웨이 등 일부 유럽국가와 이슬람문화권 남성들 사이에는 앉아 소변보는 남성들이 많다고 한다.(중략) 외국엔 욕실바닥이 카펫이나 마룻바닥인 경우가 흔해서 그럴 수도 있지만 무엇보다도 같이 사용하는 여자들을 배려하는 마음이 더 큰 이유 아닐까.(중략) [중앙일보] 2012. 08. 20]

남성과 여성이 가진 신체적 특징과 서로 다른 생활문화를 지닌다는 점에서 다른 동물과 구별된다고 할 수 있다. 인간은 신체구조상으로 볼 때 다른 짐승류와 본질적인 차이점은 없으나, 인간만의 특별한 생활 방식을 갖게 됨으로서 다른 동물들이 감히 가질 수 없는 특별한 지위를 차지하게 되었다.

인간은 생(生)후 사회로부터 학습되어 이 세대에서 다음 세대로 이어가는 것을 볼 수 있다. 이에 인간이 지구상에 나타난 시기는 정확히 알 수는 없지만 유구한 과거에도 먹고 마시고 했을 것이다.

그러나 인류역사의 기록은 수천년 밖에 안 된 과거에 불과하다. 이들의 식생활과 배설에 대한 자세한 내용을 알 수가 없다.

인간의 배설행위의 최초의 기록은 BC3,000~1,400년대 사이에 나타나고 있다고 한다. 인간이 세상에 있는 살아가는 동안 배설행위는 계속 되었을 것이다. 따라서 인간의 배설행위는 지속되어 이 세대에서 다음세대로 연속적으로 학습되어 왔을 것이다. 여기서 부부가 행복한 새로운 변화를 제시해 본다.

남성이 서서 소변을 보는 것 보다 변기에 앉아 소변을 보면 방광을 완전히 비울 수 있어 전립선염에 걸릴 확률이 많이 줄어든다고 한다.

또한 성기능과 방광에도 좋다는 의학적인 연구 결과도 나와 있다고 한다.

대부분의 가정에는 소변기가 설치되어 있지 않기 때문에 양변기 주변에 흘리는 소변으로 인해 냄새가 나고, 이로 인해 청소를 해야 하는 것까지 생각한 다면 긍정적으로 생각해 보는 아량이 필요하다.

저녁 깊은 밤이나 새벽에 소음을 만들지 않아 좋고 아내를 배려하는 좋은 습관을 키우면 부부 사이도 더 좋아질 것이다.

아내가 가정에서 행복한 꿈을 꾸면, 남편은 아내의 행복한 꿈의 나래를 펴고 세상 끝 날까지 즐겁고 행복하게 날아 갈 것이다 . 그것이 내 아내이고 내 남편이 아닌가 생각한다.

할렐루야.

감사의 글

여호와께 감사하라 저는 선하시며 그 인자하심이 영원함이로다 이제 이스라엘은
말하기를 그 인자하심이 영원하다 할찌로다 이제 아론의 집은 말하기를 그 인자
하심이 영원하다 할찌로다

참으로 감사합니다. 감사합니다. 이 말씀밖에 무슨 말씀을 더 올릴
수 있겠습니까? 하나님의 한없는 사랑을 받았으니 그 은혜를 무엇으
로 감사와 영광을 올릴 수 있겠습니까? 만세 전에 택하여 이 땅에 보
내 주시고 하루를 천년 같이 인도하여 주신 하나님의 인자하심과 영
원하심을 다시 한번 깨닫게 하는 시간들이었습니다.

지난 22여년 이상의 시간들을 주님 일기를 쓰도록 인도하신 하나
님께 감사하고, 이를 통해 책을 집필하도록 하신 것 또한 감사드립
니다. 오산리금식기도원에서 기도를 통해 책을 쓰게 되었고, 내용을
담는 것, 자료를 정리하는 것, 주위로부터 협력을 받은 것들 모두가
하나님의 은혜이며, 사랑입니다.

지난날 죽음의 문턱에서 두려움에 떨고 있을 때 주님은 "내가 죽
지 않고 살아서 여호와께서 하시는 일을 선포하리로다(시118:17)말

씀을 주셨습니다.

이 책을 집필과 출판하는 과정에서 너무 많은 분들의 기도와 격려, 才能의 지원을 받았습니다.

먼저 귀하고 고마우신 분들의 기도와 격려를 통해 하나님 사랑을 깨닫게 해주신 동작중앙교회 안경선 목사님과 강인자 사모님, 백현 득 안수집사님, 김광철 안수집사님, 이종탁 안수집사님, 김근중 안 수집사님을 비롯한 성도님들께 깊이 감사드립니다.

푸른초장교회 최순종 목사님, 준비된교회 강종희 목사님, 강화도 신맹식 목사님, 천안벧엘교회 안명기 목사님, 원주시 단구시온교회 박찬양 장로님, 장안동 새샘교회 이남순 안수집사님, 신대방 보라매 교회 김황기 안수집사님, 후암동 영주교회 김명수 안수집사님, 안양 시 은혜와진리교회 선병수 안수집사님, David..Kim 집사님, 김성호 집사님, 화곡성결교회 손일영 집사님, 동소문동 광성교회 이진우 집 사님, 중계동 광명교회 양성혁 집사님, 중곡동 한국중앙교회 해외선 교부 유의상 집사님, 광주 성벧엘교회 장윤석 집사님, 심순희 집사 님과 일본 교토시 공예섬유대학 대학원에서 수학하고 있는 백승미 님께도 감사드립니다. 아울러 ADF종합건축사사무소 김동주 사장 님, 포항시 ㈜AERIX 임양주 부장님, 신안산대학교 이석형 교수 님, 서울시설공단 신철승 과장님과 곡성군청 장명렬 계장님, ㈜유신 코퍼네이션 홍문기 상무님, 서울시 이성훈 님, 방진표 님, 양주시 김 원태 님, 속초시 김혜자 님, 직장에서 고락(苦樂)을 함께 했던 고맙고 귀한 서울여성가족재단 신우회장님과 회원 및 직원들께도 감사 드립니다.

특히 매일 한없는 기도와 격려로 용기와 소망을 가득히 심어준 사랑하는 아내 장복순 집사와 아들 준섭, 동성이와 소망교회 강순남 목사님과 오희천 장로님, 주섭, 은영에게도 감사와 영광을 돌립니다.

또한 책이 출판되기까지 한없는 기도와 협력으로 귀한 사랑을 베풀어 주신 한국기독교문화선교회 대표이신 한치호 목사님과 세줄기획 대표이신 이명수 장로님, 디자인 편집에 구본일 집사님께도 감사 드립니다.

이번, 책 출판을 계기로 지속된 집필과 영적 활동을 통해 아버지 하나님께 더 큰 영광을 올릴 수 있도록 많은 祈禱와 激勵를 부탁드립니다. 감사합니다.